易炜翰 —— 著

一线媒体人的
法律观察

贪腐透视录

Revelation of Corruption

Observation of the Front-line Media Workers

中国法制出版社
CHINA LEGAL PUBLISHING HOUSE

自 序

一

一个时代的落幕，意味着一个新时代的开启。

当前，全国检察机关的内设机构——反贪污贿赂局、反渎职侵权局等履行职务犯罪侦查职能的部门已全部转隶至各级监察委员会。

2017 年 11 月 4 日，全国人大常委会通过在全国各地推开国家监察体制改革试点工作的决定。

这意味着曾以检察机关为主导的反腐败格局发生了巨变。

一切过往皆为序章。

在反腐败大格局中，检察机关曾发挥了不可替代的巨大作用。

1989 年发轫于广东省人民检察院反贪污贿赂局的成立，到 1995 年最高人民检察院反贪污贿赂总局正式挂牌，检察机关擎起了中国反腐败的大旗。2005 年全国检察机关成立反渎职侵权局，渎职——这一不落腰包的腐败正式纳入了反腐败格局中。

检察机关在宪法法律框架内，摸索出了一条实体与程序并重、打击犯罪与保障人权并重，统筹兼顾办案力度、质量、安全和效果的中国特色反腐败之路。检察机关同时积极推进侦查机制改革，运用“抓系统、系统抓”等灵活创新的方法，查办了一大批贪污贿赂犯罪大要案件，为深入推进反腐倡廉建设、维护公平正义、促进社会和谐稳定作出了积极贡献。

时移势易。

当前，依法治国成为主旋律，反腐败成为全党全国工作重心。确立监察委员会作为国家机构的法律地位，作为反腐倡廉的主力军，充分彰显了监察委员会在国家治理体系中的重要作用。

从此，反腐败工作进入一个全新的时代。

二

本书展现了近年来检察机关查办的一系列典型案件。从腐败发生的领域来看，有金融腐败、国企腐败、拆迁腐败、医疗腐败等；从腐败的特征来看，有亲情腐败、情妇腐败、集体腐败等；从腐败的人员构成来看，有政府高官，有国企高管，甚至还有最基层的清洁队队长、乡镇土管员。

有的腐败形式频频见诸报端，有的腐败领域已成重灾区，有的腐败手段刚刚出现。无论腐败的外衣如何变幻，腐败的内容如何变化，腐败的所有特征都指向两个字：贪念。

有权的，想把权变成钱；有钱的，想把钱化成权。没权的，想要有权；没钱的，想要有钱。有的替家人谋利，以权谋私。有的为讨情妇欢心，胆大妄为。有的为了点蝇头小利，就闯下滔天大祸。欲望、贪念、交易，反反复复，形形色色。在权钱交易间，滋生了各种各样的利益交换，上演了一幕幕贪婪丑态。

既然人类的原始欲望先天存在，那么贪念这一主观原因已昭然若揭。

造成腐败的客观原因却异常复杂：有权力运行、体制机制、监督监管，等等。

分析腐败成因的最终目的，是想寻找根治腐败的路径。

他山之石，可以攻玉。

在我国香港特别行政区，廉政公署的“反腐人人有责”，响彻香江。依靠全民反腐，香港地区成为全亚洲、全世界清廉度排名靠前的地区。

在我们的邻国新加坡，法治严明、令行禁止、高薪养廉，依靠著名的“腐败零容忍”，成为亚洲最清廉的国家。

在美国，反腐败不仅仅靠其刑法规制，散落于反欺诈法、反不正当竞争法、海外反腐败法中的一系列法律法规构成了反腐败的铜墙铁壁。同时，经百年历程建立起来的社会信用体系，使得腐败成为一根不敢触碰的红线。

因此，我认为反腐败不应是某一个机构、某一个部门专属的义务与责任，而应当是一场“人民战争”，是一项系统工程。

当前，经济发展的突飞猛进、人民生活的日益富足、物质环境的快速变化不能成为腐败滋生蔓延的理由。而是，在客观环境急剧变化下，反腐败这一综合工程可能已落后于形势的发展。

因此，本书的意义就是追寻反腐败的良方。

作为法治媒体人，我的眼光不仅关注贪腐案件本身的千奇百怪，更要从法治的角度，观察一个个贪腐案件发生的原因，并试图在具体描述贪腐个案后，开出药方。

每个人的视角都有其局限性，我的观察更多是侧重于个人知识，侧重于对专家学者的采访，侧重于十多年来对贪腐案件报道的积累。因此，我在每篇贪腐案件背后都设置了“观察”这个小板块，提出自己对案件的看法，有时还会试图从不同的角度进行观察，这也从一个侧面反映出作者本身的困惑。

也许我的看法并不权威，也并不深刻，但作为媒体人，这是应尽的义务。哪怕是多提供一点思考的可能性，触发对解决腐败问题的灵感，就觉得这事儿值了。

腐败现象并不只是媒体报道的新闻，它与每一个人的生活息息相关，与国家前途命运紧密相连。我希望每一位公民积极投身于反腐败工作中去。

本书的最后一篇、第二十五章“两个人的举报：全国首例金融债券贪污案告破”一文，投入了我个人的理想主义。当实名举报蔚然成风，当反腐人人有责，当腐败无处遁形时，我们这个国家才能真正天下无贪。当年，在采写此文时，我征得举报人的同意，新闻报道中的举报人都是真名实姓。在编辑出版本书时，我仍然遵从了先例。借此机会，向两位实名举报人致敬，为他们的正直无畏与勇气鼓掌。他们是社会的脊梁。

三

本书的编辑出版，要感谢我的老师、兄长北京市人民检察院著名检察作家徐苏林先生的指导、斧正，感谢“CU 检说法”运营人王栋先生的推荐，感谢中国法制出版社的各位编辑老师。

关于本书，我有三点说明如下：

一、关于案件管辖权。本书中的所有案例均是由检察机关立案、侦查终结、审查起诉的。本书既是对过往反腐败工作的总结，也是向曾奋战在反腐一线的检察官致敬。当下，检察机关对职务犯罪案件只履行批准逮捕、审查起诉、法律监督的职能。职务犯罪案件由纪委监察委进行违纪检查和监察调查。

二、关于案例。贪腐案件具有的特征并不因其由哪个机构、部门管辖而有所不同。本书的侧重点是展示贪腐的形式、特征、危害，如何惩治腐败，防微杜渐。即便是从检察机关侦查的角度报道案件，也是为了更好地展现整个贪腐案件的全貌，请各位读者不要将之与当前纪委监察委的办案模式进行比较。因为，管辖机关的性质不同，获得授权而适用的法律不同，办案模式不同。

三、关于案中人物、案发地点、涉案单位。为避免对号入座，保护隐私权，对贪腐分子、案发地、涉案单位等一一做了技术处理，恳请各位读者谅解。作者尽力保持文章原本的风貌，尽量不会影响阅读体验。

本书付梓之时，再次感谢家人对我多年的支持、爱护。家人是最宝贵的财富。

当贪腐分子想伸出手时，多想想自己的家人。想想幸福的生活并非靠权钱堆积，想想他们需要自己的陪伴，想想一念之差就会是铁网高墙。也许，心中的贪念将烟消云散。

是为序。

易炜翰

2019 年 3 月

目 录

Contents

01

名记受贿案：敲响新闻腐败的警钟

导言

Z 报业集团驻 Z 省记者站站长王肖利用职权向被害单位强索巨额钱财一案，终审判决认定王肖受贿 63 万元，以受贿罪被判处有期徒刑 12 年。

此案历经数年，一波三折。从一审以敲诈勒索罪被判 7 年，到检察机关提起抗诉，最终以认定受贿罪尘埃落定。

记者受贿，该当何罪？王肖的终审判决以法律的名义，作出了记者身份是国家工作人员，新闻监督权是公权力的论断。判决使该案和媒体业成为焦点。

公众关注的是法律怎样惩治新闻腐败，以及媒体业界对此事的认识与反思。

王肖腐败案，犹如放大镜下的标本，聚焦之下，整个媒体生态弊端纤毫毕现。

名记者与大时代

王肖头发花白，长身消瘦，风度儒雅，再加之能言善辩，好高谈阔论，“一个才气逼人的记者形象扑面而来，很能博得他人的敬畏！”承办检察官说，“他的形象与口才是成功实现勒索的法宝！”

王肖也确实有着和他形象相匹配的丰富经历。

他20世纪60年代出生于农村，18岁入伍当兵，其间通过不懈努力考取军校；取得大学文凭后，与戈壁、雪山相伴了 16 个春秋。王肖勤于笔耕，先后有多部著作问世，堪称部队“一支笔”。

铁打的营盘流水的兵，王肖退伍后，面临人生新的选择。他毅然投身Z报业集团。靠着深厚的知识功底，王肖很快成为知名记者。

王肖投身报业的当口，也是中国新闻领域风云激荡的年代，许多媒体开始从国家全额拨款的事业单位逐渐向自主经营、各谋生路过渡。中国媒体开始了残酷的市场竞争。

王肖不怕变化，他骨子里的激情早就随着报业改革号角的吹响而涌动。

王肖想在这方广阔天地里一展身手。因此，当各家媒体纷纷向外地派驻记者站抢夺市场份额时，王肖向单位报名，立下军令状，前往Z省开辟战场，并很快成为记者站站长。

对王肖来说，记者站既是人生新的开始，也是折戟沉沙之地。

Z省地处沿海地区，民营经济发展迅捷。商品经济的发达、商贸活动的频繁让王肖深为震撼。作为一名眼光犀利的记者，甫来新地的他也捕捉到了批评监督类报道在这个地区的分量。企业竞争越激烈，越在乎自己的正面形象，形象一旦受损，对企业发展将是致命的打击。

外部环境让王肖感觉大有可为，同时也觉得肩上压力沉沉。记者站只有一人，他必须得完成每月8000字批评报道的指标。

于是，王肖马不停蹄地找投诉、挖线索，挑刺企业弊病，着实发表了一些犀利、尖锐的批评报道，有力地替消费者鼓与呼，用王肖的话说，“从没有收过一次红包”。

渐渐地，知名度打开了。企业老板们听说有份报纸专替消费者维权，还有个记者叫王肖，文笔犀利、软硬不吃。

此时的王肖达到了事业的巅峰。“看着一个个老板畏他如虎，战战兢兢，软语相求，王肖感觉自己了不得了！”承办检察官说，“他觉得自己比这些老板要强百倍，可凭什么人家开好车、住好房呢！”

王肖在睥睨一切时，有点失落了，“一支笔，可以让企业损失百万、千万甚至上亿，直至破产”。他的价值也理应和这样的威力相匹配。王肖的心理不平衡起来。

于是，当第一次有企业主恳求他不要写批评报道，并承诺付给巨额广告费时，他内心失衡的一端仿佛得到了砝码。

王肖忘了，这些企业并不是怕他个人，也不是怕他的那支笔，而是怕新闻监督——“人民喉舌”所蕴藉的力量。

王肖把自己的职责抛在了脑后，在拿下几笔用批评报道换来的广告后，王肖富了起来。

王肖挖掘到了一个发财的捷径，同时，他所在单位也提供了变相的鼓励。Z报为了实现经济效益的最大化，罔故记者站不得从事经营活动的硬性规定，反倒和王肖签下了一份广告经营承包协议。

王肖的承包指标是40万元，给报社拉到的单笔广告超过一定数额，就可以拿到45%的提成。以王肖向某公司索要300万元广告金额为例，如果能够谈成，他个人一下子就可以拿到135万元巨款。

在巨大经济利益的刺激下，连王肖自己都搞不清：这一刻，究竟是为公还是为私？

王肖在案发后还企图向单位推卸责任：“记者的武器，就是手中的笔，但这个武器成了满足单位追求经济指标、搞创收的经营工具。”这是实话。当然，王肖还没说完，更可怕的是，王肖的这支笔最终成了他个人敛财的工具。

Z省的一幢豪华别墅见证了王肖的“成功”。

十余年前，王肖花几百万元购买了一栋住宅面积200多平方米、花园面积接近600平方米的豪宅。其中，木质房子竟是整体从美国运来的，房间内大到家具、电器，小到一颗螺丝钉，也都是原装进口的。

王肖，一个普通媒体记者，竟然有如此资本，坐拥了这幢如今市值千万的豪宅。

名记者光环下的丑恶，罪行累累

在大发横财后，王肖笔下的批评报道更是完全沦为他享受贿赂的砝码，敛财魄力也“与时俱进”。

H 市公安局接到 S 公司报案：Z 报记者站站长王肖利用批评稿件勒索该公司 35 万元。

事件起因并不复杂：消费者张达强开着某品牌汽车，在 S 公司所属的加油站加油后，发动机发生故障，遂向 S 公司提出索赔一辆新车，双方协商未果，不欢而散。

张达强怒气难消，打听到 Z 报以批评监督类报道名闻全国，对商家的影响力很大。于是，张达强慕名找到记者站站长王肖投诉。

王肖一听张达强的介绍，就明白大买卖上门了。当天就赶到加油站采访，立即写成一篇 5000 字的批评稿件《S 公司加油站油中有水？》，并传真给 S 公司审稿。

S 公司收到稿件，大吃一惊，报道与事实出入很大。如果就这样宣传出去，对消费者的影响是巨大的，甚至会对企业带来难以估量的损失。

就在王肖把发稿单传真给 S 公司的第二天，张达强与王肖签订了一份授权委托书，由王肖负责张达强的索赔事宜，并为他争取到 18 万元的赔偿金。这边厢，S 公司一边赶忙派人与王肖进行交涉，一边给 Z 报记者站发出公函，指出这篇报道内容严重失实，带有倾向性评论，要求不要刊发这篇报道。

可谁知甫一接触，王肖的大胃口就让 S 公司负责处理此事的工作人员惊出了一身冷汗，“第一次接触，他就直截了当提出索要 100 万元！”

S 公司法律事务处负责人回忆：“王肖说，如果这个文章发出去，你们要损失几个亿，你们给我的好处，也要跟这样的损失匹配！”

王肖深知张达强索赔的数额仅是 18 万元，但他却以发表这篇报道会导致 S

公司损失几个亿相要挟，明确向其开出高额价码。S公司陷入两难："虽然是不实报道，但一旦宣传出去，再想诉诸法律澄清事实，就存在很大的难度。因为，客观上已经造成了非常不良的影响。"

迫于可以预见的损害，S公司开始与王肖谈判。王肖最终同意以35万元"成交"。

经过几次催促，王肖从S公司取得了35万元的转账支票，同时他还提供了一份自拟的委托书：S公司"自愿"支付35万元"委托调解费用"，王肖所在单位替S公司全权处理车辆加油事件的赔偿交涉事宜，也保证会利用关系使其他媒体不报道此事。

S公司最终并未在所谓的委托书上签字，但35万元如约打入Z报记者站账户。

钱一到手，王肖立即给了张达强17万元（S公司已先行赔偿其1万元），其他钱款全部转入了王肖妻子的个人账户。

王肖万万没有想到，这回，他屡试不爽的发财之路走到了尽头。他一次次地狮子大开口，S公司工作人员都悄悄录了音，并在被迫付款后，向公安局报了案。

警方一听录音内容，基本判断这是敲诈勒索，侦查工作开始稳步推进。

谁知，公安机关的工作很快就受到了意想不到的阻挠。

Z报从北京发来函件，称王肖的行为报社全部知情，系报社行为。

这样的推脱无疑给办案警察当头一棒：敲诈勒索罪的犯罪主体只能是自然人，不可能由单位构成。王肖一案的调查陷入了困境。

怎么办？

警方调查材料后发现，根据新闻出版总署公布的《报社记者站管理办法》第4条规定，"报社记者站不得从事与新闻业务无关的其他活动，不得从事出版物发行、广告、开办经济实体及其他经营活动，不得设立分支机构"。

那么，Z报明知王肖只有新闻采访、报道的业务，不允许从事广告经营等项目，为何仍然会承认王肖的行为是单位行为？这明显就是包庇、纵容！或者说是心中有鬼！

而关于此规定，王肖其实心知肚明。

王肖来到Z报工作三年后，就申请成立了Z报驻Z省新闻中心。这个所谓的新闻中心，名义上为自收自支的事业法人，实际上组成人员却只有王肖一人。

如此换汤不换药的做法对王肖而言却有着另外的意义：从此他就可以堂而皇之地避开记者站不能从事广告业务的规定，利用新闻中心的牌子大肆捞钱。

王肖的精明或老到，在于他还为自己安排了一条退路，如果报社为他开脱不起作用时，他就可以亮起“新闻中心”这块盾牌。

警方的分析很快在深入调查后得到了印证。

记者站和新闻中心虽然各有一个银行账号，但是这两个账号却是交叉、混杂使用，财务状况极其混乱，并有数百万元款项来历不明。记者站无权经营广告业务，怎会有这么多钱进进出出？

警方找到多家付款单位一一走访。

大多数单位言辞闪烁，对付款行为遮遮掩掩，一概以广告费支吾过去，欲言又止的尴尬反而坚定了警方一查到底的决心。

仅有的几家单位提供的一些线索却让警方眼前一亮。

王肖曾以某公司经销进口汽车有部分税款未交为由，写成一篇批评稿件，交给该公司老总审稿，王肖提出该公司要在Z报上登100万元的广告，才能避免媒体曝光，最后该公司不得不与王肖签订了15万元的广告合同。

同年6月，王肖前往某工程公司，指出该公司所做的市政工程比较多，质量必定存在问题，要进行跟踪报道和采访，王肖提出该公司需支付80万元的宣传费才能免除媒体曝光。该公司迫于压力，最终答应支付30万元宣传费，之后签订了广告合同。

可笑的是，王肖与这两家企业签订广告合同后，根本没有为这两家企业制作、刊登广告，也没有提供任何宣传、策划服务。

此外，还有两家公司透露：王肖曾利用批评报道相要挟，向他们分别强行索要过10万元、300万元广告费未果。

调查至此，王肖难脱罪责。H 市公安机关对王肖立案侦查。王肖此时虽已调回报社总部工作，但还是在来豪华别墅度假时被警方抓获。

H 市 S 区人民检察院以涉嫌敲诈勒索罪对王肖批准逮捕，随即，公安机关将此案移送 S 区人民检察院审查起诉。

有罪？无罪？此罪？彼罪？

被移送检察机关后，王肖牙尖口利的名记者风范体现得淋漓尽致。他不仅矢口否认所犯全部罪行，并且反复强调，自己只是经营广告，款项也上交到了单位账户，自己顶多是违规，但没有违法，一副有恃无恐的模样。

如果真如王肖所说，被害单位只是纯粹为了做广告而付款，那就是正常的业务往来，王肖理应无罪。

事实果真如此吗？

S 区人民检察院的检察官研究案卷材料后发现，S 公司自行取证十分充分，录音、证人证言、所打款项，一一指向王肖的敲诈勒索行为，铁证如山。

但另外三家公司则投鼠忌器，遭到勒索的证据明显偏弱，仅有被害单位证言及一鳞半爪的书证。

精明的王肖就是抓住这点软肋，一口咬定几家公司均是与之签订广告合同后自愿付款，不存在胁迫、勒索的行为。

检察官追问王肖：既然签了广告合同，那为何 Z 报拿了钱，却没替客户公司做广告？王肖的辩解滑稽可笑：他们自己给了钱，又不想做广告了。

检察官继续讯问：客户公司既然不做广告了，那他们的广告费究竟去了哪儿？王肖想了半天，支支吾吾地说：“新闻中心的钱其实就是我自己的钱！”他以此来辩解自己从该账户内巨额提现并非贪污单位公款。但情急之下的说辞并未使王肖脱责，反而从另一个角度证明了所谓的广告费已被他个人全部占有。

接着，检察官赶赴北京，从 Z 报调取了报社的法人证书、机构代码证以及王肖干部履历表的复印件，证实了王肖符合国家工作人员的主体身份。

检察官北京之行的最大收获，就是取得了王肖与报社之间广告款往来的记录清单，进一步证实报社根本没收到过客户公司总数达 45 万元的“广告款”，且对与客户广告公司签下广告合同一事根本不知情。

王肖所谓的自己的作为是单位行为的辩解，根本就是彻底的谎言与包庇，他完全就是为谋一己私利，向被害单位强索硬要。

王肖利用职权勒索，获得大笔钱财的犯罪行径此时已清晰可见。但一个疑问始终令人无法释怀：对于王肖这样的记者身份，他利用新闻监督权向他人索要钱财，究竟适用哪条罪名呢？

公安机关是以王肖涉嫌敲诈勒索罪移送检察机关的，乍一看貌似合理。但检察官认为，本案最重要的特征还是在于王肖利用了记者调查采访、批评监督的权力。没有这样特殊的主体身份，王肖就不可能强索得逞，这显然不是敲诈勒索罪所能涵盖的。

如果王肖是利用职务便利，索取贿赂，那就符合受贿罪的构成要件，但该罪适用的主体必须是国家工作人员，以记者身份实施的类似情形的犯罪，是否能以受贿罪论处呢？

检察官查阅了几个数年来在全国范围内有过重大影响的类似案例，犯罪情节和王肖基本一致，均以受贿罪被定罪科刑。

细致分析后，检察官认为：王肖作为国有媒体的在编记者，不能等同于一般的自由撰稿人，他所拥有的调查采访、揭露黑幕的权力明显是一种管理公共事务的公共权力，而这正是他的犯罪行为屡屡得逞的关键所在。

王肖利用自己掌握的公共权力勒索钱财占为己有，其行为完全符合受贿罪的特征，是一种典型的索贿行为。另外，王肖向其中一家公司索贿一事，检方认为由于在案证据不足以证明王肖有个人非法占有 300 万元的主观故意，只能认定他是采用要挟手段为报社强拉广告，应以强迫交易罪予以定性。

因此，S 区人民检察院以王肖涉嫌受贿罪、强迫交易罪向法院提起公诉。

法槌终落，罪责刑相适应

S 区人民法院经审理认为，王肖利用的是自己的职业和身份，以及被害单位怕被不实报道损害自己形象的心理，而非“职务上的便利”；被害单位被迫拿出钱财，目的是避免对自己不利的新闻报道，也不符合受贿中“为他人谋利益”的通常含义。因此，王肖的行为不构成受贿罪，只是，因其职业的特殊性，他的敲诈更易得逞。

法院作出一审判决，认定王肖敲诈勒索 63 万元，以敲诈勒索罪判处其有期徒刑 7 年。

收到这个判决结果，检察官认为，判决理由难以令人信服，7 年的量刑更是远远没有达到罚当其罪的标准。

首先，检察官认为，所谓记者的职务便利早已有明确界定。1997 年《中央宣传部、广电部、新闻出版署、中国记协关于禁止有偿新闻的若干规定》中明确表明，新闻工作者不得利用职务之便要求他人为自己办私事，严禁采取“公开曝光”“编发内参”等方式要挟他人以达到个人目的。也就是说，该规定已经明确把王肖这样的要挟行为界定为“利用职务之便”。

其次，法院认为王肖不符合“为他人谋取利益”的受贿罪构成要件，因此不构成受贿罪，明显是偏狭地理解了法条。索贿的行为即使不为他人谋取利益，也依法构成受贿罪。1999 年 8 月 6 日《最高人民检察院关于人民检察院直接受理立案侦查案件立案标准的规定（试行）》重申，索取财物的，不论是否“为他人谋取利益”，均可构成受贿罪。

S 区人民检察院在上级人民检察院的支持下，以王肖案一审判决确有错误，定性不准，适用法律不当为由，向 H 市中级人民法院提起抗诉。

经过几个月的审理，H 市中级人民法院接受了检察机关的抗诉意见，改变了一审判决对案件的定性。

法院认为，按照《最高人民检察院关于人民检察院直接受理立案侦查案件立案标准的规定（试行）》，“利用职务上的便利”是指利用本人职务范围内的权力，即自己主管、负责或者承办某项公共事务的职权及其所形成的便利条件。国有媒体舆论监督权具体体现在王肖作为一个记者的采访调查、发表批评报道的权力上，是一种典型的公共权力。因此，王肖通过要挟手段的敛财行为，明显利用了职务便利，被侵犯的客体除被害单位的财产权外，还有他作为国家工作人员的职务廉洁性。

此外，“为他人谋取利益”并不是索贿型受贿成立的必备要件。索贿的行为即使不为他人谋取利益，也依法构成受贿罪。何况王肖主动向对方索取财物的行为与非法收受财物相比，情节更为恶劣。

法院终审以受贿罪判处王肖有期徒刑 12 年，并处没收全部犯罪所得。

由此，耗时长达数年，一波三折，在社会各界引起巨大反响的王肖受贿案终于落下帷幕。

最终，法律的刚性确定了新闻监督权是公权力的一种，记者是行使这一权力的执行者，也就是从事国家公务的人员。

胆敢利用新闻监督权去强索硬要的犯罪行为以职务犯罪来重惩，无疑向近年来问题不断的新闻界敲响了警钟。

（文中涉案人物均为化名）

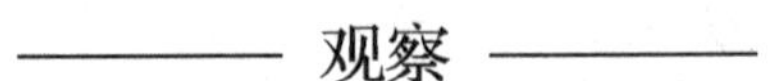

观察

一、王肖案的借鉴意义：阳光是最好的杀毒剂

最终，王肖以受贿罪被判处有期徒刑 12 年，可仍然有舆论认为，该案只是

挖出了王肖的部分犯罪行为，实际上，王肖仍然是一名“狱中富豪”。

承办检察官认为：“办理该案只是揭开了王肖所作所为的冰山一角，因为取证调查困难，很多单位害怕自己的短处被再次曝光，不愿配合，许多涉案事实难以指控。因此，只没收了王肖三笔受贿的犯罪所得，可以说是留下了遗憾。”

这也从一个侧面说明，对记者的监管或制约不能落在事后，而要放在事前、事中，否则对他们的查处在取证上十分困难，但危害、影响甚至收益却已形成。

类似的遗憾还有很多。比如，《报社记者站管理办法》第30条规定：“记者站从事发行、广告、开办经济实体以及其他经营活动的，由所在地新闻出版行政部门责令停止违法行为，给予警告，并处3万元以下罚款；情节严重的，由登记机关注销其登记。”那么，Z报记者站究竟怎样处理，主管部门应当拿出怎样的雷霆手段？

对于认定王肖所犯罪名的争论，承办检察官认为：“从法律的角度而言，王肖的罪名之争一方面意味着在我国还没有建立起新闻立法体系的情况下，司法机关试图通过司法实践对记者职业、身份以及其职权性质进行法律定位，由此产生了种种的观念冲突；另一方面也意味着司法机关对受贿罪的适用所作的新的尝试与解释，以此来进一步界定该罪名适用的范围。”

当然，撇开这些技术层面的论争不说，对王肖案的关注实际上也反映了司法界对记者行业不正之风苛责程度的不一。

虽然，王肖一案是以职务犯罪来定的，但今后出现类似情况，仍有可能出现争议。

在王肖案二审判决下达后，某法律杂志就有人撰文支持一审法院对该案的定性，认为王肖的行为应以敲诈勒索罪定性。同意此观点的大有人在。

由此可以看出，在我们这样一个成文法国家，王肖的判例或许会有较大的借鉴意义，但恐怕并不会具有一锤定音的效力，关于“记者受贿，该当何罪”的争论，不论在理论界还是在司法实务界，恐怕都不得不继续讨论下去，直到出台完善、明确的新闻立法或是司法解释才能告终。

承办检察官认为，“在我国新闻立法尚未完善的情况下，这种明确的方式虽然还不够‘名正言顺’，但至少可以从一定程度上弥补我国新闻立法在刑事责任范围内的缺失。这对我国新闻媒体行业的规范与整顿来说是一支强心剂，从民事责任、行政责任到刑事责任，新闻媒体行业责任体系的不断完善，是法治社会下该行业谋求自我约束与自我发展的必由之路”。

这种影响甚至会扩大到对记者犯罪的进一步深究。王肖从报社的创收大户、摇钱树沦落为阶下囚，难道报社就不该承担责任？王肖的判例显然能对媒体单位敲山震虎，继而立法机关、司法机关能对类似的单位纵容犯罪、包庇犯罪作一个明确的定论，方便在司法实践中去有效运用。

承办检察官说，综观王肖案，其所在单位、主管机关甚至被害单位都有责任，“王肖所在单位的纵容和主管机关的监管不力是助长行业不正之风的现实背景。数年来，Z 报对王肖的行径不可能不知情，早在公安机关刚开始彻查此案时，该报还出具证明，将王肖的行为揽在了单位名下。在侦查活动初期，该报更是频频出手袒护，干涉公安机关办案。此外，还明目张胆与王肖签订广告业务承包合同，公然违反中宣部、新闻出版总署的相关规定，许可记者从事广告业务。其中最为深刻的内在原因，还是为了攫取经济利益”。

王肖坐镇一方，为报社带来的是丰厚的利益回报，接连不断的广告业务，使王肖成为报社名副其实的摇钱树，报社有钱赚，自然对王肖的种种劣迹不闻不问。我国新闻立法的缺位，也加大了中央、地方两级主管机关的监管难度，给了王肖可乘之机，最终造成了他在 Z 省的“天马行空”。

而被害单位的忍让、屈从也是王肖犯罪屡试不爽的现实土壤。王肖的记者身份使他们投鼠忌器，生怕惹火烧身。当然，个别单位本身就不干净，面对这个别有用心的“正气代言人”时，自然矮了半截。

净化媒体行业的风气，杜绝类似事件的发生，应从以下几个方面做起：

首先，新闻媒体的主管机关早就作了明确规定：记者业务与广告业务严格分离，这是一个老生常谈的问题。但遗憾的是，从王肖一案来看，这一规定在实践中执行得并不严格。因此，主管机关对已有的规章进行更为严格的监督管理，势在必行。

其次，拓宽被害单位向有关部门的检举渠道，使媒体能在对社会进行舆论监督的同时，更充分地接受社会大众的监督，使得新闻监督职能不至于过分集中在别有用心者之手。

再次，很多被害单位被记者勒索后不敢声张，主要是因为有把柄被人捏在手中，一旦宣扬出去，可能对自己造成更大的损害，而这些把柄对新闻单位来讲，也确是诱人的"猎物"。媒体一方面要鞭挞丑恶，另一方面又要抵制诱惑，确实面对两难。在记者犯罪在先的情况下，应赋予被害单位一定程度上的"舆论豁免权"，在该单位所存在的问题没有关涉国计民生等重大事项时，可暂时不予报道、揭露，这样才能使被害单位勇于指证犯罪，便于司法机关将责任人绳之以法，待事后再对确有问题的单位进行曝光。

其实，记者腐败的危害后果并不亚于贪官、昏官，因此是否可以对记者这个特殊行业实施财产申报制度？欲正人者先正己。

二、王肖案拷问政策、管理与良知

新闻媒体应置于国家强有力的支持、管辖、监督之下，以维护传媒的合法性和权威性，推行强有力的、健康、科学、规范的新闻伦理体系和法制体系，通过系统化、可执行的约束与自我约束的双重机制，捍卫新闻媒体的纯洁度和公权力。

长期研究我国新闻媒体发展的专家表示，王肖一案的判决，对长期处在亚健康状态的中国新闻媒体管理体制而言，是一声沉重的警钟。在长期不规范的市场运作下暴露的媒体弊端，终因一个大报记者的肆意横行而昭示天下。本案中，作为罪犯头衔的"记者站站长、新闻中心主任、知名记者"三个身份，仿佛三道锐利的聚光，炙热地考问着政策、管理，以及媒体和记者的良知。

中国新闻媒体的真实生存状况如何？其道德困境何在？通过王肖一案，可以得到一个明确的思考脉络。而在这些思考之中，最为核心的议题是：当下中国媒体的生存机制有严重缺陷。

一般而言，中国媒体是通过政府许可、资助和设立的事业单位，20世纪90年代以来，媒体市场化及其改革治理的路径逐渐变为：许可、支持，不资助。于是，媒体开始进入市场，走经营化路线。中国十多年的传媒变革，在市场化类型上形成了三种样式的媒体。第一种是仍然在"国办"体制内的少数由国家拨款的核心媒体，如中央电视台、人民日报等，他们有权、有钱、有市场平台、有辐射力，生存自然是不成问题；第二种是"国办"体制内外因素兼有的媒体，如王肖案中的Z报属于某事业单位领导，却从国家和政府组织那里得不到什么钱，于是，只得尴尬地扛着国字头的招牌，去走市场经营的路子；第三种是"国办"体制外的媒体，如地方性晚报、都市报，以及绝大多数商业背景的媒体，索性完全自主生存，按照市场规律经营。

所以总体来看，中国媒体作为一个整体，其"外部性"界限非常模糊，自我认同混乱，自身缺乏明确的定位，这就不可避免地导致了价值观念的异化。

而从法治角度综合来看，出问题最多的往往是第二种媒体。它们脚踩两条船，一边挥舞行政宰制的权力，一边寻求市场化的生存。如果经营得法，还能维持市场的景气；而一旦效益滑坡，心态的失衡必然会使它们寻求权力寻租的可能。

对一般媒体而言，它们权力寻租的唯一本钱就是手中的新闻监督权。但是，对拥有金字招牌的某些"官方"媒体而言，它们还有另一张牌：行政资源。于是，一种更为异化的寻租模式诞生了：拿行政资源去放大新闻监督权，拿新闻监督权去换取市场回报，可以把这个模式称为"媒介双重寻租"。

在媒介寻租的现象中，无疑，王肖案只是极端的个例。但是，之所以可以成为典型，原因就在于它集中地体现了"媒介双重寻租"的特性。

而在王肖案之外的那些许许多多的同类案件中，类似于此的违规、悖理和犯罪实例还有许多，其数量之大、危害之深，一般公众甚至习以为常，如此奇观，实在已经到了触目惊心的地步。当新闻媒体和新闻记者的公信力、口碑、形象每况愈下时，当全社会流传“防火防盗防记者”的民谚时，我们早该意识到它背后的深层背景、深层原因和巨大社会危机。

媒介寻租来自市场生存的压力，但是我们不能把板子打在市场化上。媒体业的所谓市场化，是一种以市场为社会基轴的经济社会发展模式。当整个中国走向现代化时，市场化也不可避免——因为现代化的经济本体就是市场化。与此同时，媒体的市场化也就不可避免。市场是无辜的，有罪的是：没有健全的制度、没有约束的权力和没有规范的伦理。

数不胜数的各类王肖案的发生、发展，大都是因为在媒体宏观生态上缺乏一个健全的制度。宏观机制出了问题，反映在中观上，媒体就没有科学、清晰和健康的自我认同，其理念就必然会堕落，其内部管理必然会一团混乱。最后，反映在微观上，就必然导致记者个人行为不规范，违反职业伦理的情况时有发生。

王肖案中，我们清晰地看到，错乱的宏观机制可以导致诸多媒体市场化管理思想的歧误。通过深入思考，我们大都可以看出，不少媒体在各地搞分支机构不纯粹是为了采访、搜集信息，而是拿新闻监督权去市场上进行交换。所以，王肖既有每月 8000 字的批评报道指标，又有每年 40 万元的广告任务，当然，他也有报社所开的巨额提成回报。甚至，王肖可以将公私账户合二为一。王肖说“记者站的钱就是我的钱”，这就是单位为了市场利益最大化对他的纵容。撇开当事人的敲诈勒索行为及道德品质的堕落不说，传媒单位制度的败坏对个人的诱导也是关键因素：王肖在法庭上供认，给报社拉到的单笔广告超过一定数额，就可以拿到 45% 的提成，以某公司 300 万元的广告为例，如果能够谈成，王肖个人就可以拿到 135 万元！这也就不难理解，王肖为什么会以批评报道相要挟，与 S 公司签订所谓广告合同了。

在一个不良的宏观和中观制度框架下，新闻单位就可能负有教唆犯罪的责任。王肖既要完成广告任务，又要完成批评报道，个人和集体账户又能共用。事发后，单位又百般为其开脱，甚至不惜行公文以“澄清”犯罪事实。从逻辑上可以推断，单位管理制度和管理思想的不良，的确提供了便于酝酿犯罪的土壤，它难免要承担错误默许、错误引导的责任。

最后，我们不可避免要谈及新闻记者个人职业道德的沦丧。王肖案中所体现的，是一个知名媒体的知名记者的肆无忌惮，以及法律意识、良知、敬畏的失之殆尽。但是，我们同样要提及，在王肖之外，或许还有千百个类似的记者、编辑，至今还在走着一条同样危险的道路。

经济学告诉我们，市场化从来不会自动地带来机会均等和社会公正，必须着眼于制度设计。英国经济学家威廉·基根在《资本主义的幽灵》中指出："如果人们的生活听任自由市场的异想天开，资本主义倒真是一个危险的幽灵。"显然，只有明智的规章制度能够限制市场过分的损害。改革开放以来，我们对传媒的管理不可谓不严格，规章制度不可谓不详细，但是，重要的不是高头讲章，不是文件汇编的虚有其表，而是真抓实干，赏罚分明，惩一儆百，建立并且切实维护一个属于新闻业法制化管理体系的健全的制度。

这一制度的关键之处在于，应对媒体的市场化与一般经济体的市场化有所区分。放眼世界，几乎所有的文明社会都把新闻媒体视为社会公器，它代表着全社会的最高利益，是公权力的捍卫者和监督者，而不是满足一己私利或者是单位、阶层、部门私利的私器。只有这样，新闻媒体才可能在市场化的大潮中不被利益的乌云所遮蔽，不被私欲的利刃所抹杀。与此同时，新闻监督权在中国才能真正服务于公共领域。

三、如何禁绝记者"敲竹杠"的乱象?

研究媒体职业道德的专家认为，记者"敲竹杠"，不是现在才有。20 世纪一二十年代就开始有一些小报记者凭借"翻手为云、覆手为雨"的舆论工具，以吃、拿、卡、要的营生方式混迹于行伍之中。但就问题的严重性而言，今日"有偿新闻"问题却尤为突出与普遍。

20 世纪 90 年代中后期以来，随着媒体走向市场的步子加快，形形色色的记者“敲竹杠”现象愈演愈烈，有关部门对有偿新闻治理的重视程度也不断加大，早在 1994 年“北京长城机电有限公司非法集资案”中，记者蔡原江、孙树兴为谋取私利，对非法集资进行虚假宣传，就曾被绳之以法。此后，记者因参与合谋、借助媒体舆论而故意损害商品信誉，或者直接利用批评曝光、“编发内参”等手段大肆索要钱物而违法犯罪的行为每年都有发生，时有耳闻。

德国著名社会学家、哲学家马克斯·韦伯曾经说过：“任何一种职业都具有一种神圣的道义力量。一个人必须承担自己的职责和这一职责所内含的道德承诺。”对此，我们也可以这样理解：没有一种职业，它仅仅凭借自身的技巧或技能，先天地就具有不证自明的社会价值。职业价值能否实现，更取决于职业的理性与道义的因素。

西方新闻职业伦理信条一再强调：新闻事业的最大成功是必使上苍与人间有所敬畏，它独立不挠，傲慢、权势、金钱均不能使其动摇。有偿新闻泛滥，首先就是对职业这种“敬畏之心”的丧失，新闻只是一种谋生的手段。当纯粹为了谋生来从事新闻工作，很难保证从业的底线不会一降再降。

而当下从业的记者在罔顾职业良知时，恐怕忘了，自身的价值究竟是从何而来的？

如果媒体不是稀缺资源，社会不青睐于它，如果记者没有一些根源于政治因素的特权，如果所有的社会主体都有公平的条件接近与使用媒介，如果市场经济行为都能按法治原则进行，即使记者的道德境界不够高尚，他仍然只是一个职业的信息收集者与发布者，他谋生的手段就失去了蜕变的外界条件。

记者本来只有根源于宪法的批评与报道的权利，他没有像政府部门那样可以强制他人服从的权力。但是，在一些不守法经营的企业面前，在一些违规违法的国家公务人员面前，这种权利却通过“无处不在的眼睛”异化为“权力”，它以“公权”的名义取代了本该由政府监管部门担当的角色，政府的缺位和媒体的越位出现高度的合拍，媒体名正言顺地支配和驾驭了这些不法的经营者和违法违纪的公务人员。为了潜在的更大的不法利益，被批评者总是愿意以钱财交易来化解焦点事件和紧张关系。

杜绝记者“敲竹杠”，仅有道德手段的推动不可能彻底解决问题，因为如果道德意识没有真正获得足够的市场时，越是强调这种手段，在客观结果上这种治理方式就越有可能成为某些记者安全地从事权钱交易的烟幕弹。

就宏观的治理措施而言，要对有偿新闻釜底抽薪，必须考虑最大限度地弱化媒体所承担的对所谓先进典型，尤其企业典型的无偿宣传功能，使所有的市场经营主体在稀缺的媒体资源面前享有公平的使用机会，见诸媒体的一切宣传性内容必须付费，并在管理机构和媒体双重登记。

在微观的媒体机构日常管理上，对于来自社会的任何投诉线索，都应该制定预防交易可能产生的具体措施。比如，投诉人必须以明确的身份向媒体机构登记信息；又如，对待每起投诉线索经手记者都要有最后处理的明确交代，发稿或撤稿必须有被投诉方的意见等，减少记者与被批评者“合谋”的可能性。另外，对记者行业准入门槛要提高，对记者职业素养的有效培训更应常抓不懈。只有这样，记者才能彻底没有资本“敲竹杠”！

02

国企掌门人落马实录：深度解析国企腐败病灶

导言

近年来，国有大型、特大型企业腐败案频发，尤其是大型国企掌门人纷纷落马，使得大型国企“一把手”腐败成为人们持续关注的焦点。

正厅级干部、H 产业集团有限公司原董事长、总经理王定国以受贿罪被判处有期徒刑 14 年。检察机关由此案入手，一举突破该集团 8 人腐败窝串案。

王定国腐败案表明，一些大型国企表面上改成了公司制，实质上仍是行政体制；表面上实现了政企分开，实质上仍是官商一体；表面上是公司制下的“三权分立”，实质上仍是行政权一支独大，造成了内部监督形同虚设，外部监督无从下手的局面。

官商不分、大权独揽、缺乏监督、霸道独断，当这些因素纠结在一起，又逢国企改制、重组的“良机”，王定国就成了寻租者眼中的“财神爷”。

探源王定国发案的成因，分析大型国企体制、机制的现存弊端，对国企改革进行回顾与梳理，是对建立现代企业制度的呼唤与展望，也是对深化国企改革的深切期待。

改制“受益者”，牵出“改制财神爷”

H 产业集团原董事长、总经理王定国特大腐败案法槌终落，引来各方关注。

不仅因其身份特殊：正厅级干部，红顶商人。还因其“掌舵”的H产业集团是一家超大型国企。这个庞大的“商业帝国”由化工、冶金、煤炭、建材等产业组成，拥有100多家企业、10万余名职工。

王定国落马后，检察机关一举突破该集团原副总经理、财务部部长、规划发展部部长等7人腐败窝串案。这起超大型国企腐败案，涉案人员级别之高、人数之众、案值之大，并不多见。

J省检察机关在对一条举报线索的初查中，发现H产业集团下属改制企业——某材料厂在土地挂牌转让过程中存在问题。该宗土地出让的背景复杂，牵涉面广，涉案金额大。

经过分析、研判，检察机关决定对材料厂厂长李明展开初查。

检察官发现：李明在该厂改制的几年间，个人名下的房产多达10余处，还向多家企业投资千万元，个人资产竟达2000万元。

这些钱是从哪儿来的？

检察官迅速赶往该厂了解情况。

当检察官打开该厂财务部主任张亮的办公室大门时，看到他正在销毁账目。

随着碎纸机的轰鸣，张亮脸上露出极度不安的神情，检察官意识到一定有大问题。

果然，经过突审，李明交代了自己贪污、挪用改制资金的犯罪事实。

李明趁着国企改制浪潮，在H产业集团将下属国企改制之机，借着各种名目，把企业资金装进腰包。他伙同手下的财务部主任、办公室主任、出纳等人，把产业集团下拨的用于还债、托管、拆迁、职工安置等事务的资金占为己有。三年内，李明团伙前后贪污公款竟达2600万元之巨。

李明交代，他为了占有产业集团下拨的改制资金，曾向董事长、总经理王定国行贿36万余元。

“除收受李明给的36万余元外，王定国还收受了400多万元贿赂，大部分都是在产业集团下属企业改制过程当中收受的。”承办检察官说。

随即，检察机关以涉嫌受贿罪对王定国立案侦查，几天后，以涉嫌受贿罪对其批准逮捕。

正厅级红顶商人，改制中大权独揽埋祸根

王定国特大腐败案发生在国企改制这一特殊时期，改革就是“摸着石头过河”，总有制度缝隙，王定国恰恰是钻了国企改革的空子。

同时，其乾纲独揽、刚愎自用的个性也促生了他的腐败。

与共和国同龄的王定国出生在一个贫农家庭，6 岁时父亲早逝，母亲领着他们姐弟四人艰难为生。困难时期，他随母亲在街头卖过烙饼，在田间挖过野菜、摘过树叶、扒过树皮。

逆境磨炼了王定国。1965 年，王定国独自一人背井离乡来到外地求学，大专毕业后，被分配到某石矿当工人。

有一个事例可以说明王定国拼命执着的工作精神。王定国的母亲在老家病危，于王定国赶回家的当晚过世。第二天上午王定国处理好母亲的后事，匆匆赶回单位坚守岗位。

因工作表现优异，25 岁那年，王定国被任命为车间副书记。41 岁就被任命为某石矿矿长、党委书记。

车间与矿山的磨炼，让王定国果断、善断、协调力强，但同时，性格也变得霸道、专横、不讲情面，甚至有点冷酷。

近年来，N 市开展了一场声势浩大的国企改革——“抓大放小”，成立五大产业集团，中小企业改制为民营企业。

H 产业集团组建后，拥有 100 多家国有企业、10 多万名职工，时任某石矿矿长的王定国被任命为党委副书记、副董事长、总经理。时隔三年，他正式升任 H 产业集团董事长，成为正厅级干部。

王定国的人生剧变也恰恰始于此时。

在H产业集团，国企改制以管理层收购为主，以前的国企厂长通过改制，摇身成为身家百万、千万的私人老板。

“看看自己在企业干了一辈子，到头来不如他们抓住了改革机遇一阵子。”王定国说。此时，他的心态发生了微妙的变化。

这场国企改制靠的是行政力的推动，让谁参与改制，怎么改制，甚至改制后个人占有股权的比例，都由王定国拍板。而且，由于大部分改制企业资不抵债，为了吸引收购，购买者可以享受打折优惠，可是究竟能打几折，国有资产还有没有空子钻，工厂土地能不能改变权属性质搞开发等，都有赖于王定国把握松与紧的“分寸”。

趋利的天性让寻租者纷至沓来。

于是，王定国从刚开始收受改制企业现金2000元都会胆战心惊，逐渐发展到一次收受几万、几十万都不以为然，心安理得。

“不都是在我手下发财嘛！”王定国认为。渐渐地，他胆子越来越大，以致堕入泥坑不能自拔。

国企改革是块大肥肉，有利益就有权钱交易

王定国与李明的权钱交易就是他腐败历程的缩影。

李明时任产业集团下属材料厂的厂长。在他的眼里，王定国就是一棵能遮风挡雨的大树。材料厂的整个改制过程，尤其是拆迁补偿和土地权属问题，都需要王定国拍板；平常企业的经营管理事务，如破产职工上访、争取银行贷款，也需要王定国亲自出面协调、关照。

为了与这棵大树搞好关系，李明专门安排公司会计为王定国办了一张银行卡：“领导很辛苦，给你一点车马费，以后每个月我会往里面打钱。”心知肚明的王定国一点没含糊地收下了。

之后，李明按每月5000元的标准往卡里打钱，四年半时间总共打了28万元。

除了给王定国"发工资"，李明还帮助他"买房"。

王定国到处看房给儿子结婚用，李明得知后马上推荐了一处楼盘。王定国看后很满意，李明马上缴付了 26.6 万元首付款。在王定国夫妇商量如何装修时，李明又包揽了 10 万元装修费。

靠着向王定国大肆行贿，李明借口职工安置资金有缺口，不断向集团申报下拨资金，王定国始终睁一只眼闭一只眼。只要李明有拨款需求，他就负责签字拍板。此后，李明的胆子越来越大，不断向产业集团副董事长、财务部部长、规划发展部部长等人行贿，"大老板都打哈哈，咱们何必认真呢！"于是，李明打通了上下所有环节，一路绿灯，成功非法占有产业集团下拨的改制资金 2000 多万元。

以发工资的形式向王定国送钱并不是李明的"专利"，某化工公司董事长蓝刚也是一个。

蓝刚的化工公司并购了 H 产业集团下属的一家化工厂和设计院，实力大幅提升。

蓝刚认为，产业集团是自己的"靠山"，必须对王定国进行"长线投资"。

蓝刚结识了王定国的儿子后，琢磨出了一个主意。他找到王定国说："你儿子学历高，我想让他在我的企业里帮忙搞点咨询，每个月我给他发点工资。"

王定国当然知道蓝刚所说的"工资"是指什么，也知道这么做实际上是为谁而来，但他还是默许了蓝刚的提议。

于是，王定国的儿子与蓝刚签订了一份"协议"，按每月 1.3 万元的标准领取"工资"，前后三年半时间，共计 60 多万元"工资"发给了王定国的儿子。

几年后，王定国想起此事，觉得银行卡记录容易被察觉，就找到蓝刚，表示不妥。于是发"工资"被改成了直接送现金，蓝刚不定期把钱送到王定国家里，王定国又共计受贿人民币 31 万余元。

六年时间里，蓝刚支付王定国的"工资总额"高达 91.8 万元。加上逢年过节送的礼金，仅他一人就向王定国行贿 132 万多元。

某投资集团董事长成平在收购产业集团下属企业玻璃钢厂、铁矿过程中，也得到了王定国的大力帮助。

为感谢王定国，在该集团开发的楼盘完工后，成平直接送给王定国一套价值 51 万余元的商品房。

产业集团下属复合材料厂改制，王定国拍板，该厂厂长李涛占了改制后公司 54% 的股份。于是，每年春节期间，李涛均以拜年的名义给王定国送钱，分 9 次共送给其 14 万元。

某硫铁矿矿长吴洪也是企业改制的受益者。王定国同意吴洪出任改制后的硫铁矿公司董事长，吴洪在 5 年间 15 次共送给王定国 21.5 万元。

……

一次次国企改制、重组，一次次利用职权，收受贿赂，王定国终于积累了万贯家财，成为改革的“受益者”，最终，也付出了沉重的代价。

检察机关查明，王定国在担任 H 产业集团有限公司董事长、总经理期间，利用职务便利，在负责集团所属企业改制、维护主管企业稳定、促进改制企业发展等事项上，为有关单位、个人提供帮助，收受相关单位、个人给予的贿赂共计人民币 387 万余元、美元 2 万元、商品房 1 套（价值人民币 51 万余元）。

最终，法院一审以受贿罪判处王定国有期徒刑 14 年，并处没收个人财产人民币 40 万元。

“沦陷”于国企改制，腐败个案以警后世

王定国服刑后，笔者在某监狱内见到了王定国。

身形高大、满头白发的王定国，虽穿着囚服，仍保持着一副威严的神情。他与我们隔栏而坐，神情略显憔悴，比照片上的形象苍老了一些。

王定国不苟言笑，语速平稳，条理清晰。

“虽然我已是个罪犯，但是不管坐多少年牢，一些做人的底线和标准不会放

弃。”这是王定国开口说的第一句话。

王定国口中“做人的底线和标准”，却在他职业生涯的最后十年被他自己频频踩踏。

虽在暮年走上了犯罪歧路，但王定国前后在国企工作了四十年，从石矿工人到大型国企的老总，亲历了国企改革的各个阶段，谈起企业管理、企业改制，他还是有话要说。

梳理他的谈话，可以看出他对国企改革的一些片断思考：“用工改革之前，工人都是‘企业人’，生老病死都由企业包办，造成国企负担很重，很多效益不好的企业举步维艰，1984 年‘优化劳动组合’的运动，破除了终身协议制，打破了铁饭碗，解决了‘三个人的活，七个人的饭’的问题；可没过几年，面对市场竞争，国企又出现了大规模亏损，此后的‘三改一加强’也没有带领国企走出泥潭。”

“大家意识到，这些方法都是治标不治本，最终的解决之道是产权制度改革，集中优势国企，将中小企业交给市场。”

“如果有生之年能够出狱，我会把这些年在国企的经验、教训著述于文，以警后世。”

期待王定国这一大型国企腐败个案真的能以警后世。

监督运行机制失灵，国企腐败呈现“新形势”

“王定国腐败案为何出现在企业改制这一特殊时期？值得深思，”承办检察官分析王定国案的主客观原因时说，“这得从王定国独揽大权的那天说起。”

1999 年，中央经济工作会议召开，为完成“九五”计划加油鼓劲，会议明确把“国企改革作为中心环节，建立现代企业制度”，第一次提出“国企攻坚战”的口号，要求三年内完成抓大放小、债转股等目标任务。

2000 年，N 市推出“三联动”政策，对国企的资产、人员、债务一揽子解决，短短一两年间强势推进，把市属的 11 个工业局合并组建为机电、化建等五大产业集团。王定国掌舵的产业集团由化工、煤炭、建材、冶金等局组成，拥有 100 多家企业，堪称行业“巨无霸”。

五大产业集团组建目的就是优势集中，强力推进中小企业改制，总共有 150 多家企业要改为民营，70 多家要破产关闭。

所以，从王定国上任直到案发，产业集团下属企业的改制、重组一直在进行之中。

“组建产业集团虽然体制上进行了改革，本意是实现政企分开，抓大放小，但仓促间上马，仍是老国企的架子，公司制的皮。原来的厂长、党委书记自然过渡到董事长、总经理，但内部运行机制上，还是老国企熟悉的那一套行政管理方式。之后持续经年的下属企业改制也全是依靠行政力推动的。”承办检察官认为，“当王定国升任集团党委书记、董事长、总经理之时，产业集团却还是行政首长负责制的架构，自然把各项大权揽于一身。”

监督机制方面也出现了很大的问题。

从内部监督来看，在改革之前，国企一直实行的是党委领导下的厂长负责制与职工代表大会负责制，职工在国企管理中占有主导地位。而改制之后取消了职工代表大会，职工的监督从体制上被削弱。

公司制架构中，产业集团内部由董事会、监事会实行监督，但现实中，这些人员全由组织委派，又全归王定国领导，所以对“一把手”的内部监督自然形同虚设。

外部监督，也相当乏力。

2003 年国资委成立，经国务院及地方政府授权，代行出资人职责，可对超大型国企派出监事会，也可对重大事项进行干预。但国企已形成的管理层控制的局面牢不可破，特殊利益群体已经形成，一把手的权力与权威根本不容置疑。

更何况还有一个尴尬的现象：市一级国资委的行政级别只是处级，而王定国的行政级别却是正厅级，这样的“越级监督”显然障碍重重。

因此，国资委对这样超大型国企的监督仅停留在廉政教育、例行检查的层面。说到底，就是“形同虚设，奈何不得”。

国企旧的运行机制被打破，新的监督机制又没有确定，内外监督全面失守，造成王定国在国企改革中一权独大，再加上个人思想上的堕落，想不腐败都难。

“内外因结合是王定国腐败案的根源。王定国的成长历程曲折，痛苦的成长经历一度是鞭策他前进的力量，然而到了后期，却成为他腐败的心理动机——总觉得这些钱是对他曾经苦难的报偿，是他应得的。”承办检察官认为。

王定国在“悔过书”中如此描绘当时的心态：“机制转变后，经营者收入大幅提高，既有了票子，又有了资产，为子孙后代都打下了基础，看看自己，在企业干了一辈子，不如他们抓住了改革机遇一阵子。”

王定国看着下属风生水起，心生不平，加之大权在握，从此沦陷。

嗅到了“一把手”身上腐败的气息，一些改制企业如蝇逐臭。

即便是改制之后，行贿人的身影仍在王定国面前晃动。

企业名义上“民营”了，产业集团对它们只实行行业管理。可改制企业并无竞争力，脱离了产业集团这艘“航母”，它们无法生存。

“中小企业申请贷款难、改制企业职工有情绪，这些事儿都得集团公司出面协调，更何况，王定国这个正厅级干部的面子，大家还是认的！”承办检察官说，“因此，它们虽然获得了经营上、财务上的自由，但根本不愿脱离产业集团。”这也是超大型国企高管腐败案显现的又一原因。

于是，那些已经变身为私人老板的国企管理层继续对王定国毕恭毕敬，送钱送物。

在权钱交易泛滥之下，寻租者的目的已然实现，造成大量国有资产流失。王定国腐败案出现在国企深入改革的特殊时期，国企腐败呈现“新形势”。

当下，国企改制虽已告一段落，但重组工作仍在继续，这其中出现的腐败，尤其是大型国企腐败现象，已引起高层关注。

2010 年，最高人民法院、最高人民检察院专门出台了《关于办理国家出资企业中职务犯罪案件具体应用法律若干问题的意见》，明确了“对国家出资企业工作人员在国家出资企业改制过程中故意通过低估资产、隐瞒债权、虚设债务、虚构产权交易等方式隐匿公司、企业财产，转为本人持有股份的改制后公司、企业所有，以贪污罪定罪处罚”等适用法律的意见，表明国家对于国企中发生的职务犯罪，要继续加大打击力度，最大限度地挽回国家损失。

期待检察机关对超大型国企进行法律监督的探索，能为“破局”国企腐败“新形势”开个好头。

——— 观察 ———

深化改革是大型国企腐败的解决之道

专攻国企改革问题的专家认为，国企改革成绩显著，但“运动式改制”滋生出种种弊端。

我国国企改革划分为四个阶段：1998 年东南亚金融危机发生后，国有企业受到冲击，举步维艰，大部分国企严重亏损，资不抵债。为帮助国企摆脱困境，国家开始实施国企改革的三年计划，主要内容是“下岗分流、减员增效”。1999 年 9 月，中共中央通过《关于国企改革和发展若干重大问题的决定》，全面落实党的十五大提出的“用三年左右的时间，使大多数国有大中型亏损企业摆脱困境，力争到本世纪末大多数国有大中型骨干企业初步建立现代企业制度”。国家开始探索如何建立现代企业制度，增强市场竞争力，提高经济效益。方式是试点出让亏损企业，引入民营资本，职工下岗分流。

2000 年以后，国家按照既定方针继续推进国企改革，一方面帮助国有大中型企业减员、减债、甩包袱，建立现代企业制度，增强市场竞争力；另一方面通过各种途径，包括出售、改制（股权多元化）、按政策破产等，搞活国有中小企业，国有资本逐步退出，职工下岗分流。

2000 年到 2003 年是第二个阶段——全国上下行动起来，全面施行“优势集中”，就是把好的资产合并，坏的资产剔除。

在此期间，N 市推出了国企改革的“三联动”计划，即人员、资产、债务联动，实行比较灵活的政策，用企业自身占有的国有资产的价值解决职工身份转换问题和银行债务问题，然后政府从企业中退出，企业真正走向市场。由于国企改革涉及政府众多部门，为使其有组织地进行，N 市将原来的很多工业部门、机构整合成五大集团公司，既代表政府组织实施国企改革，具有一定的行政职能，又负责管理处置国有资产，具有投融资平台的职能，实际上是“婆婆加老板”。

第三个阶段是 2003 年到 2007 年。国家开始对国企产权改革的一些做法、政策进行调整，此后，简单的、大面积的出售、破产等“退出”方式逐渐减少，改革重点转向企业组织结构调整，包括兼并、重组等，将优势企业与劣势企业进行资产整合，优化资源配置，注重提高企业活力和整体效益。

第四个阶段就是 2007 年至今。经过三个阶段的结构调整，公司制逐步成为国有企业的主要实现形式，国有经济布局和结构调整取得重大进展，劳动、人事、分配制度发生重大变化，经济效益持续增长，因而被国内外称为“新国企”。

通过四个阶段的改革，国有企业成功地收缩了战线，从诸多竞争性领域退出，同时在关系国计民生、国家经济命脉的行业，又牢牢地掌控主流，为我国经济的持续稳定发展提供了保障。

但是，改革当中还存在着许多问题。

1999 年的中央经济工作会议提出，把国有企业改革作为中心环节，积极促进扭亏增盈和建立现代企业制度。随即，“国企攻坚战”“三联动”这些短期的运动式的改革在全国遍地开花。最终造就了一批具有高度行政色彩的大型国有企业，它们具有像政府一样的金字塔型的权力结构，导致国企自上而下形成紧密的人身依附关系，行政集权导致滋生腐败。

国企改革的本意是要建立起既能代表出资人——全体人民的利益，又能经受住市场考验的国有企业。经过十余年的改革，取得了很大的进步，但问题伴随着成绩一并而来。其中最大的问题是，一些超大型国企出现了市场化、行政化、垄断化“三位一体”的形态。

市场化，是国有企业具有市场化的外表。在改革中，以现代企业制度、法人治理结构为目标，大型企业挂牌上市、成立董事会、监事会和股东大会。这些举措具备典型的市场化特征。

行政化，是国有企业的内部权力机构还是一种典型的行政化的权力结构，它并没有随着组织方式、治理结构的改造，转变为真正与市场经济相融合的经济主体。它的治理结构不是企业结构，而是与行政权力级别一一对应的行政组织结构。

垄断化，是国有企业在目前的市场结构中拥有庞大的资源，同时还具有计划色彩、垄断因素的经济主体。目前这些“抓大放小”之后剩下的国有企业，已经退出了竞争领域，它们形式上是平等的市场主体，实质上在它们所处的行业中具有垄断地位。

市场化、行政化、垄断化，这“三位一体”的形态是目前国有企业最大特征。

本应向着高度市场化目标行进的国企改革，恰恰被行政化、垄断化阻碍了发展的脚步，受到两重力量的“保护”。

一种是有形的力量——政府。国企与政府之间有着千丝万缕的关联，它的管理人员、职级直接跟政府挂钩。有的政府官员会到企业中担任领导人，而有的企业领导人也会去政府中当官。官商不分，严重影响了企业的治理结构。

另一种是无形的力量——政府赋予国企的垄断地位。虽然有“国计民生”和“战略性”的外衣包裹，但一些国企仍然将触角伸到了不适当的竞争行业中，造成了行业垄断，让民营企业只能在稀少的资源里举步维艰。

于是，在“三位一体”之下，监督机制全面失守，就滋生了这种形态下特有的腐败形式。

法理意义上，国企所有人是国家——由国家代替全民所有，而“国家”

这一概念的空泛性造成了现实中国企所有人的缺位，导致了国家委托的代理人——国企管理层无比强势，从内部实现了完全的控制。他们虽然接受了国家的委托，却没有完全履行国家赋予他们的责任，反而利用国家的委托谋取私利。政府还没有建立起有效的监督机制，很难把监督落到实处。

在大型国企中，高层管理人员都还有行政级别，大多仍是任命制，带有“准政府官员”色彩，而不是真正的企业人。真正的企业应该是完全独立、自主投资、自主经营、自负盈亏、自负风险的。而当下的国企与政府有着千丝万缕的联系，谁行政级别高谁说了算，导致独裁式的管理，老总“一人独大”“一手遮天”，为所欲为。王定国就是其中的典型。这样的架构下，根本无法监督，这是根子上的原因。

改革中出现的问题仍需要深化改革来解决，如果能进一步推进改革，彻底实现现代企业制度，国企腐败终究只是浮云。其中，改革重点有以下三个方面：

第一，信息要公开、透明。在国企改革、运行和管理中，涉及企业资产的转让重组、土地权益的变更、重大投资融资项目、高层决策人员的任免与薪酬分配等重大问题，都应当及时向全社会公布，接受社会公众监督，从根本上杜绝内幕交易、权钱交易。这是防止国有资产流失、保护公众利益的重要途径。

第二，推进行政管理体制改革。转变政府职能，政府应更多地转到社会管理和公共服务上来，减少对企业微观活动的干预，割断政府官员与企业的利益联系。以此为目标，实行“四个分开”，即政资（资产）、政企、政事（事业单位）、政社（社会中介组织）分开。

第三，完善现代企业制度和现代产权制度。从法律、制度上入手，从各个环节健全法人治理结构，探索创新内部、外部监督机制，消弭企业的行政色彩，建立真正意义上的企业法人制度。中小企业要通过改制实现产权多元化，优势国企应推进整体上市，让投资者“用手投票”或“用脚投票”，接受市场的监督。

从外部来看，国资委的监督仍需强化。

近年来，国资委也在进行有益探索，大力推进国资投资控股平台建设，履行出资人职责，对旗下企业进行监督。这样的尝试有利于政府更有效地管理、监督国企。

中共中央在“十二五”规划中明确提出，要深化国有企业改革，完善企业法人治理结构，实现政企分开、政资分开；要坚持政府公共管理职能和国有资产出资人职能分开，完善经营性国有资产管理和国有企业监管体制机制；同时，还要深化垄断行业改革，进一步放宽市场准入，鼓励非公有制企业参与国有企业改革，形成有效竞争的市场格局。

这些举措，明确地指向国有企业市场化、行政化、垄断化“三位一体”的形态，有效地落实这些举措，将为国企改革扫除障碍，也将让国企腐败失去生长的土壤。

03

国企精英挪用公款1.4亿元、贪污2000万元：亲情腐败何时了？

导言

高进曾是国有企业——B器材公司总经理（正处级），却利用手机代理销售权，在控制手机销售市场运营时，大肆腐败。

一个业绩辉煌的“国企精英”被不断膨胀的私欲、贪念拖入罪恶深渊，为其女儿打造了一个“贪腐王国”。

“亲情腐败”拖垮优质国企

同事眼中的高进，曾是一名勤奋、刻苦、有事业心的国企干部。上任之初，高进称得上是一位颇具创新意识的风云人物，他接任总经理的第一年，公司不仅扭亏为盈，还创造利润3000多万元。

然而，没多久，情况就发生了变化。

高进十分溺爱自己的独生女儿高小红，视其为掌上明珠。无论高小红有什么要求他都会加倍满足。

高小红大学毕业后没找工作，但她早已习惯依靠父母过体面的生活。一旦要靠自己挣钱，她还真下不了决心。最重要的是，她挣的那点儿钱，根本不够自己花销。

某天，高小红向父亲提出了“想自己做事情”的要求，高进满口答应要给高小红找一份理想的工作。

高小红：不，我不去找工作，我要做生意。

高进：一个女孩子家，有什么生意能适合你做呢？

高小红：怎么没有？你现在做的生意不就很火吗？

高进：我这可是国有企业，有国家政策的支持。

高小红：叫我说，你就是榆木疙瘩死脑筋！既然你有这么大的权力，为什么不能够多给我一份，让我也跟着做呢？

高进：你也去开个商店卖手机？

高小红：有什么不可以？我愿意！

女儿的执拗，让高进伤透了脑筋。可经过一番“深思熟虑”，他终于下了决心。

几天后，高进带高小红回了趟老家，注册了一家由高小红为法定代表人的公司，又在北京、某市经济技术开发区为女儿分别注册了三家公司。四家公司的法人代表均是高小红，会计主管是高进的妻子。四家公司的大管家，则是高进的亲弟弟。一个家族企业就这样悄然建立。

正是从此时开始，B 器材公司的利润开始月月锐减，每况愈下，呆坏账大量涌现。在公司业务与日俱增的同时，经济效益反倒越来越差。

这究竟是怎么回事呢？

检察机关接获举报，第一次接触高进时，高进一脸轻松。面对检察官的询问，高进取出一个事先准备好的笔记本，将一笔一笔进出款项的情况讲得清清楚楚、合情合理。最后，他还一再为自己打保票：我没有占公家一点便宜。

检察官走进 B 器材公司的账目库房，账册堆积如山，混乱不堪。公司财务人员也是一脸的无奈：“大批手机都卖给了全国各地的个体商户，往来账目不计其数。”账目如此混乱，难怪高进有恃无恐。

在与高进的一次次交锋中，检察官渐渐发现了端倪：高进极其溺爱女儿高小红。高小红主要经营手机买卖，货源主要来自 B 器材公司，甚至其名下的四家公司都与 B 器材公司有着千丝万缕的联系。

检察官抓住了高进的“七寸”。高进再也无法自圆其说，只好承认：自己在处理B器材公司与高小红的业务往来方面确实有私心、有过错。

无所不用其极的贪腐手段

仅仅是“有私心、有过错”吗？

检察官加快了清查账目的进度。他们往返于全国各地，把库房里的所有账目明细查了个底儿朝天。检察官窝在昏暗的库房，一干就是几天几夜。大家戏称自己是“三不”队员——不见天日，不知昼夜，不知饥乏。

通过清查，检察官终于从一堆堆乱账中理出了一条重大线索——高进以自己公司拥有进口手机行销代理权的特殊条件，将“补偿机”交由高小红的公司以时价售出，再侵吞货款。

何为“补偿机”？

B器材公司是一家经国家特许的、拥有进口手机行销代理权的公司。早年间，我国的手机市场还没有充分放开。如果国外的手机厂商想把自己生产的手机产品投向中国市场，是没有直接经销权的，必须有一个中间代理。这个中间代理机构便是高进担任总经理的B器材公司。高进作为该公司的总经理掌控了这一经销代理权，甚至能直接决定某些国外手机品牌在中国市场上的投放数量、行销份额。

国外的手机厂家为了在中国市场上争得更大的份额，都有各种优惠的奖励性措施，按照一定比例无偿配赠相同品牌的手机。比如，某品牌手机的配赠比例为2%。高进的公司每进口100部手机，实际收货就是102部。多出来的2部是厂家赠送的，这在业内就被称为“补偿机”。

高进正是利用职务之便，在“补偿机”上做起了手脚，捞取暴利。

C国外手机厂家给高进公司的补偿机是5000部，他将其中的1020部转给了高小红的公司，并按时价批发给了手机销售商。到年底，高进让高小红开出一张200万元的发票返回给B器材公司财务，平了公司的财务账，这200万元货款就被高进直接装到了兜里。

此后，高进将D国外手机厂商补偿的手机2292部（总价值516万元）无偿划拨给了高小红的公司。高进依然如法炮制，按市场价售出，售出款又进了高小红的账户。接下来，高进又借职务便利，通过他人，将一批又一批“补偿机”无偿转给高小红的公司。高小红将手机售出，售出款收入个人囊中。高小红公司的账户已经成了高进变卖“补偿机”进行敛财的银行。

为了掩人耳目，高进每次往高小红公司转发“补偿机”，都吩咐手下办理一系列“手续”。收货、登记、入库、存款等各项环节都有完备的程序。这些程序全是虚拟的，是精心杜撰出来的。比如，在登记上特意标记“单收单放”，各个环节都有负责人签字。这样一来，一批批“补偿机”不仅变成了“有价手机”，还有了售出的正当理由。

高进在拼命鲸吞“补偿机”巨额货款的同时，还利用低开、迟开发票的手段，将大笔货款据为已有。

某次，高进借B器材公司将一批手机卖给广东客户的机会，特意让对方将1万部手机货款汇至高小红公司的账户上。当时，汇入账号的货款为每部手机1950元。3个月后，每部手机降价300元。高进便指使高小红按降价后的1650元的单价与B器材公司结账，仅此一笔，就从中渔利176万元。高进钻了手机降价的空子，以“低开”发票的手段贪污货款。

“迟开发票”与“低开发票”的手法大同小异。

某次，一批总价5000万元的手机售出。按照正常的回款渠道，这5000万元应当在限定期限内，汇入B器材公司账户。高进却让人把这笔钱放在了高小红公司的账户，一放就是整整一年。在这一年中，这个品牌的手机单价先后下降了两次，下降幅度为40%。也就是说，一年前手机货款为5000万元，此刻已经变成了3000万元。接着，高进便指使高小红按3000万元的价款将钱汇回自己的公司，其余2000万元的差价款则落在了他的家族账户里。

除上述贪污犯罪事实外，高进还采取“虚假平账”的手法实施犯罪。

某次，S 市税务部门在例行检查中发现高小红的公司在货款往来中只有出款而没有进款，怀疑该公司偷逃税款。高小红听到这个消息后，立即向高进告急。高进随即指使手下从 B 器材公司的财务账户里拆出 1272.2 万元汇至高小红的公司，来了个“虚假平账”，蒙混过关，逃过一劫。

“侵吞补偿机”“低开发票”“迟开发票”“虚假平账”，高进将贪腐犯罪手法运用到了极致。一串串触目惊心的数字，勾勒出了高进吞噬国有资产的丑恶嘴脸：总计挪用公款 1.4 亿元，贪污 2000 万元。

获取铁证，攻克犯罪

攻克高进，拿下高小红，彻底清算他们的犯罪事实，只是检察官查办工作迈出的第一步，更艰巨、更繁重的工作还在后面。难关就是收集证据，必须以充分、确实的证据证实高进、高小红犯罪事实的成立。

检察官面对的是全国各地数以千计的手机销售商，其中有大量的个体商户。这些个体商户对检察官的查证工作采取的是不配合、不接待、不作证的抵制态度。

检察官一家一家地访，一个一个地谈，历时一年多，获取了 4 万多页的材料证据。

最终，检察官完成了任务，把高进贪腐案办成了铁案。

A 市中级人民法院对高进一案作出一审判决：以高进犯贪污罪（贪污总额 1679 万元人民币、39 万美元），判处死刑，缓期 2 年执行，剥夺政治权利终身，并处没收个人全部财产；犯挪用公款罪（总额为 1.4 亿元），判处有期徒刑 7 年；决定执行死刑、缓期 2 年执行，剥夺政治权利终身，并处没收个人全部财产。

以高小红犯贪污罪（贪污总额 692 万元），判处有期徒刑 8 年；犯挪用公款罪（挪用公款 1274 万元），判处有期徒刑 8 年，决定执行有期徒刑 11 年。

高进、高小红服判，未上诉。

（文中涉案人物均系化名）

观察

中国式的“亲情腐败”，何时了？

读《水浒传》，有一个反面人物令人印象很深，那就是高衙内。八十万禁军教头林冲都一再受他欺辱，以致最后被逼上梁山。高衙内是个浪荡子，本身并无官职，但他是高太尉之子，横行霸道，无法无天。

如今，“衙内现象”并不鲜见，由此滋生了“亲情腐败”。

以父母、长辈的权力为后盾，一些官员的子女从事着一本万利的生意，在房地产、工程招投标等热门领域所向披靡，战无不胜，赚取大把大把的经过“漂白”的黑钱。“衙内”们也成了贪官变相受贿、出卖公权的“道具”和“遮羞布”。某些领导干部对子女失之管教，听任其违法违纪、胡作非为，“要风得风，要雨得雨”，视党纪国法、社会监督为虚设。子不教，父之过。其实，这些领导本身早已“上梁不正”，也难怪“下梁歪”。凡浮出水面的“衙内”式人物，背后总站着一个贪官，这几乎是一个不折不扣的铁律。

这一丑恶现象必然会削弱、腐蚀权力规范运行的秩序，消解公职人员职务廉洁性的公信力，污染社会健康风气。

家庭或家族因为亲缘关系，具有先天的关联性，更容易形成腐败利益共同体，而且成员之间的信任和利益共享度非常高。对反腐败工作而言，这种特殊的腐败利益共同体也往往较难攻破。

要彻底解决问题，必须及早敲响“亲情腐败”的警钟，必须真正让干部手中的公权力在阳光下运行，让其本身及配偶、子女的从业状况、家庭财产昭示于公，让人民群众对监督干部、任用干部拥有更加充分、实在的话语权和决定权，敢把公权变私权者才会越来越少。

近年来，全国许多地方制定了领导干部个人重大事项报告制度，要求领导干部报告个人和家庭的重大变化情况，报告范围涉及领导干部个人和家庭的出国、接受捐赠、中奖、接受遗产等“隐私”。但是，即使所有的领导去登记了子女的从业情况，又拿什么措施去追问其真实性呢？这样的自报家门，会不会成为一纸司空见惯的“登记秀”？

要有效地减少“高衙内”，就需要有效地减少“高太尉”，这才能斩断“亲情腐败”的病根。

首先，应建立领导干部的财产监督制度，再建立对领导干部配偶及子女从业、财产情况的监督制度，并且要落实信息真实性核实制度。

其次，要狠抓制度执行。我国禁止官员家属经商等相关制度建立已久，并在不断完善发展，相关规定不可谓不细致。但好的制度只有落到实处才能产生实效。因此，要突出强调制度执行的刚性，不断加大对制度执行的监督力度，不断提高监督的透明度。建议出台并完善群众监督的机制、举措，拓宽社会监督的渠道，让群众一目了然，让群众享有充分的知情权。并由社会各界对官员定期申报、公开的财产和官员子女的经商行为进行监督，形成合力，共同打造风清气正的政治生态。

消除“亲情腐败”是反腐败工作中的一项重要任务。只要制度健全了，监管透明了，打击有力了，“亲情腐败”就没有滋生的土壤。这一丑恶现象才会彻底消散在历史的烟尘里。

04

老国企新腐败：被忽视的国企“三产”

导言

类似S市阀门厂这样的国企，虽挂着“老招牌”，却已是个彻彻底底的“三产”。上级单位忽视，自身监管失误，造成国资流失，腐败滋生。这是国企改革中出现的新问题。

以副厂长杜养乾为首的一帮国企蛀虫，盯着“三产”，大发横财。

曾经沧海难为水，阀门厂的前世今生

S市阀门厂诞生于1952年，跟随中华人民共和国的崛起而成长，是S市机械工业的摇篮，也为国家核工业事业的发展作出了卓越贡献，在S市是人尽皆知的大型国有企业。

1952年，S市阀门厂正式划归中国核工业集团公司的前身中国第二机械工业部。1982年，第二机械工业部更名核工业部。1988年，核工业部改建为中国核工业总公司，将S市阀门厂划归其下属公司管理，使该厂成为中国核工业总公司下属的三级公司。

随着中国经济改革的不断发展和国企改革的不断深入，1995年，S市阀门厂也像所有大型国有企业一样，开始了艰难的转型。

1996年，S市阀门厂率先进行了股份制试点改革，第二年“S科技”在深交所上市，S 市阀门厂占股 60%。此后，随着国有资产管理体制改革继续深入，“S 科技”实行了股权分置，S 市阀门厂最终占股 19.68%。

为了在激烈的市场竞争中轻装上阵，摆脱国企沉重的历史包袱，2004 年，S 市阀门厂将全部经营性资产划归“S 科技”。

优质资产剥离后的 S 市阀门厂只剩下了一批“三产”。所谓“三产”，是指在国企内创造就业岗位，能为企业提供服务。所以，“三产”相当于后勤部门。S 市阀门厂的“三产”就是：一个专为“S 科技”生产包装箱的板箱厂，利用原厂房建设的宾馆、饭店、浴室。拥有 500 多名在岗职工，还背负着 1700 多名离退休职工、70 多个精简下岗工人的沉重负担。单单人员工资一项，每年开支就高达 1400 万元。

也就是说，S 市阀门厂除了一块老招牌，只留下了一个空壳子。也是这一年，S 市阀门厂亏损 600 万元。此后，连年亏损。

老厂子、空壳子、大包袱，亏损似在情理之中，这是国企改革必须承受的“阵痛”，上级公司也承担起了连年补贴的责任。然而，在这样一个政策性亏损单位，却令人惊异地出了一位“富豪”。

亏损单位里的“富豪”，阀门厂里的群贪

这个穷庙里的富方丈就是 S 市阀门厂的副厂长杜养乾。

五十余岁的杜养乾，白白净净，文质彬彬。拥有两套别墅、几辆豪车，常常进出高档酒店，一顿饭就上万元，经常酒店包房，随意签单。他甚至在厂外独立搞了个办公室，装修就花了几十万元。总之，杜养乾的派头怎么看都不像是亏损单位的领导，倒像是个私企大老板。

1997 年，杜养乾在 S 市阀门厂改制之初担任副厂长，分管“三产”。因为有着 1972 年就进厂的老资历，杜养乾的腰杆子直挺挺的。

也因为资格老，杜养乾常常感慨生不逢时，用了 25 年时间才从工人打拼到副厂长，偏偏这个节骨眼儿，“S 科技”上市了。S 市阀门厂成了老企业，落伍了，

往日的荣耀逝去，这个副厂长也没有了光环。

到了 2004 年，S 市阀门厂的家当只剩下了“三产”。杜养乾很是郁闷，不仅业务上毫无作为，而且收入大大缩水。杜养乾的级别是正处级待遇，如果在“S 科技”，可以拿到几十万元年薪，可留在老厂子，每年只有几万元收入。

两相比较，杜养乾感到了极大的落差，心理极度不平衡。

既然在厂里已无所作为，那么，总要捞点什么才能对得起自己。杜养乾开始琢磨。

在外人眼里，S 市阀门厂还有什么油水啊，主营业务都没有了。可杜养乾是内行，他一眼就看准了空壳子里还有块儿肥肉。

“S 科技”上市后，为了反哺 S 市阀门厂，双方专门定下了协议：“S 科技”的木制包装箱业务，统统交由阀门厂的“三产”之一——板箱厂来经营。

杜养乾胸有成竹，只要板箱厂还有业务，就有办法搞到钱。

杜养乾将进厂时就在他手下的工人王大平提拔为板箱厂厂长。

有了心腹好办事。

杜养乾吩咐王大平：浙江的木材供应商钱刚一直在向板箱厂供应木材，告诉他们要是还想做这个买卖，就必须在木材价格上提高 10%，发票照开，但虚高的钱必须以现金的形式返还到杜养乾手上。

王大平立即如此传达。钱刚为了做买卖，只得照办。反正羊毛出在羊身上，自己没一点儿损失，杜养乾拿的钱反正是公家的。

此后，S 市阀门厂每月要向钱刚多支付 6000 元。钱刚扣除掉应缴的增值税，每月返还 5000 元现金给杜养乾。六年下来，杜养乾分得 25 万元，王大平分得 11 万元。

“杜养乾之所以这么做，他考虑得很周详！”S 市 P 区检察院办案检察官说，“单位会计只能看看账目平不平、发票假不假，仓库统计员只能查查货物数目对不对，这木材实际多少钱买来的谁都不知道。所以杜养乾胆子越来越大，他是闷头发财！”

S 市实力木质包装有限公司老板李文强主动上门，找到板箱厂的负责人王大平，希望能分点板箱业务来做做。王大平当即将此事向杜养乾做了汇报。

杜养乾到李文强厂子里一番考察，认为规模挺大，就同意把板箱厂的一部分业务交给李文强来做，条件是必须交业务量 10% 的管理费。

李文强为了既能保住自己的利润，又能“抽头”给杜养乾，就在每只板箱 300 元的基础上虚增了 30 元。

单此一项，短短一年，杜养乾就贪污了 10 万元，王大平跟在后头也分得了 5.63 万元。

此外，杜养乾在向阳澄湖木材厂购买木制包装箱时，收受了该厂老板区明的贿赂 5.3 万元，还利用“三产”之一——凯旋门饭店装修之机收受建筑商贿赂 2 万多元。

上梁不正下梁歪。王大平尝到了甜头，私下里撇开杜养乾，又伙同仓库统计员周大富从区明手中贪污了 13 万元。

在杜养乾的一手操控下，整个阀门厂“三产”经营的指导思想就是：不能出现利润。

S 市阀门厂位于 S 市老城区黄金地段，单土地、厂房就有 8 万平方米，可在杜养乾的经营下，这块黄金地段却荒废了，在此投资建设的凯旋门饭店一直以极其低廉的价格随意租赁，从来没有赢利。

“有了利润，厂里就知道了，以后就会一直对我们有要求，大家的日子就不好过了！”杜养乾反复强调，明令所有“三产”账面上不允许出现任何利润。

于是，S 市阀门厂负责“三产”的 8 个公司，有 8 个小金库，隐匿账外资金总额达 200 多万元。

杜养乾平时的豪奢生活就由小金库报销，甚至连买内衣都要从账外支取。

报应来时逃不掉，检察机关清算窝案

S 市 P 区检察院收到举报：S 市阀门厂副厂长杜养乾购买了一套价值 300

余万元的别墅，而就在两年前，他刚刚购买了一套连体别墅装修入住。按杜养乾的工资水平，居然有能力接连购买两套别墅，实在不可思议。

杜养乾一直分管“三产”，在他的一亩三分地里只手遮天，并一直极力反对厂纪检部门插手“三产”的财务管理。

检察机关迅速着手初查。发现对外，杜养乾有一套保护色，总是到处炫耀，自己十年炒股，发了大财，自己的一切都是股市赚来的。

事实果真如此吗?

检察官一面迅速调查杜养乾证券账户的运作详情，一面了解其购买别墅的细节。

调查表明，杜养乾刚刚开设股票账户没多久，而他购买第一套别墅的时间却是在炒股之前。杜养乾的工资收入表明他最好的光景是 12 万元一年，最差时只有 2 万元。

也就是说，购买第一套别墅的房款既不可能是股市上的牟利，也非正常收入。

从杜养乾和板箱厂的业务往来入手，检察机关迅速起获了个体老板李文强、区明等人的证词，一番查账取证，杜养乾伙同王大平等人大肆贪污公款、收受贿赂的罪行大白于天下。

检察机关起诉杜养乾、王大平涉嫌共同贪污 51.63 万元，王大平、周大富涉嫌共同贪污 13 万元，杜养乾、王大平分别涉嫌受贿 7.9 万元、11.4 万元。

最终，杜养乾、王大平因贪污罪、受贿罪分别被判处有期徒刑 11 年、13 年，周大富因贪污罪被判处有期徒刑 5 年。

案发后，检察机关为 S 市阀门厂清理了 200 多万元账外资金、追缴了 60 多万元犯罪所得、30 多万元非法所得。

（文中涉案人物均为化名）

观察

让阳光照进国企“三产”

S 市阀门厂其实早就名不副实，没有了生产阀门的业务，剩下的只有“三产”。

上级公司对 S 市阀门厂的管理方式也发生了变化。从定期审计、下达考核任务，变为不定期进行审计，基本无考核指标；对 S 市阀门厂也只有一项要求：负责所有人员的生活，维持厂内稳定。

在连年亏损的表象下，S 市阀门厂被逐渐边缘化。

亏损企业仿佛就是一个醒目的标签，再不会有人去关注它是否还能继续产生效益，是否还按照正常企业模式运转，是否存在监管漏洞。

实际上，一面是上级单位忽视了对 S 市阀门厂的管理，一面是杜养乾故意不做利润蒙蔽了主管单位，致使 S 市阀门厂连同仍然拥有的可经营、可盈利的国资躲进了角落，形成了一块阳光照射不到的监管死角，培育了杜养乾一伙的腐败土壤。

一般国企中的“三产”有两个作用，一是提供就业岗位，二为企业提供服务。所以，“三产”相当于后勤部门。

目前，我国国有企业、国有联营企业、国有独资公司近 20 万家，基本家家都有“三产”。深化国有企业改革，实现主、辅业分离，其实，就是要把“三产”剥离出去，这项改革一直在进行。

可 S 市阀门厂的“三产”显然并不能等同于一般后勤部门。它基本已不为企业提供什么服务，却仍拥有可经营、可盈利的资产，板箱厂做的是上市公司的买卖，垄断经营、定向供货，不愁生计；8 万平方米的土地、厂房，在地价飞涨的当下，应当可以经营得风生水起。

实际上，这样的“三产”仍然是国有资产一个有力组成部分，仍然有能力生存发展，也仍然可以为国家、为人民创造财富、创造价值。

令人担忧的是，目前国资委下属的上百家国企基本都已上市，家家都可能有主营业务已经剥离的下属公司，会不会遇到S市阀门厂一样的情况呢?

除审计部门审计不留死角，主管部门建立经常性、机制性监管，检察机关密切关注这一领域外，最为关键的是，这样的国企绝不能成为阳光照射不到的死角，这样的“三产”必须按照企业经营管理模式，参与到国民经济协调、健康、高效的发展中来。

只有在阳光照耀下，杜养乾等躺在国企“三产”亏损有理的标签下，大发横财的蛀虫才不会卷土重来。

05

灵魂失控的县委书记：私欲膨胀的腐败恶果

导言

解读G县县委书记赵光荣特大腐败案，会发现一个不一样的贪官。他的贪，从犯罪事实上看，都是为了情人一掷千金，可实则是自我意识极度膨胀后的变态发酵。如果说，法律可以惩罚犯罪，是社会公平正义的底线。那么，法律也有遗憾，法律终究不能惩罚一个失控的灵魂。

“大手笔”县委书记，权力脱轨

某次，G县千人大会上，赵光荣大拍胸脯，郑重承诺：“廉洁自律向我看齐”，“金钱、美色是绝不能触碰的底线”。现场掌声雷动，近万人收看了电视直播。这是赵光荣初任G县县委书记时的一次精彩亮相。

言犹在耳，这个当年拍着胸脯在万人面前立下承诺的县委书记，却和金钱、美色等种种腐败纠结在了一起。

赵光荣在被J省省委免去县委书记职务的同时，被J省纪委“双规”审查。两个月后，纪委将赵光荣涉嫌受贿犯罪的线索移送检察机关。

半年后，赵光荣腐败案开庭，检察机关指控其涉嫌受贿381万元，法院判处其有期徒刑14年。

翻开赵光荣腐败案厚厚的卷宗，一个县委书记如何沦陷的历程得以清晰还原。

在就任G县县委书记前，赵光荣为人低调，不事张扬。这与他出任县委书记后的说一不二、飞扬跋扈形成强烈对比。

赵光荣兄弟姐妹五人，幼时家徒四壁，生活穷困。1978年恢复高考，赵光荣考入某师范学院中文专业，“乡亲们东拼西凑了点儿钱让我上学”。

20世纪80年代初，“知识化、年轻化、专业化”成为新时期选拔干部的标准。赵光荣生逢其时，毕业后仕途通畅，一路升迁，历任G县县长助理、副县长、L市经委副主任，直至L市政府副秘书长。

赵光荣说：“我家三代没出过一个干部。”在家族里他出类拔萃号称一年读一百多本书，有博学的美名；在同时代人中，他一路走来格外顺当。随着职务的升迁，赵光荣自我感觉越来越好。

最终，在经历了十多年副职生涯后，赵光荣出任G县县委书记。

也许是压抑已久，再也按捺不住；也许是时机已到，不用再遮遮掩掩。就任“一把手”后，赵光荣突然就扯下了低调、儒雅的面具，变得傲气逼人，独断专行。“我赵光荣干事，要干就是大手笔！”

G县工业园是他上任后的第一个“大手笔”。

工业园在赵光荣的敦促下仓促上马，进驻的企业寥寥无几。这还了得，多没面子！赵光荣硬是东拼西借，凑了100台挖土机，浩浩荡荡聚集在工业园门口，等待开工剪彩。对于作假的指责，赵光荣不怒反喜：“作假也是能耐，撑得住场子，才是能人！”

县城的旧城改造是赵光荣的第二个“大手笔”。

在赵光荣的强力推动下，G县开始大规模改造。其中，重中之重就是时代广场步行街工程，这个工程处在县城的黄金地段，也是赵光荣的面子工程。

旧城改造一般难度很大，主要是拆迁进度慢。为了尽快完成这个工程，赵光荣完全不顾制度约束，全部超常规运作，大会小会强调进度，大事小事亲自协调摆平，有时亲自临场指挥，甚至直接就下强拆令。除此之外，赵光荣竟然自说自话，擅自改变县长办公会的决定，将房地产开发所得税、销售不动产营业税作为招商奖励退还给开发商。

第三个“大手笔”就是港口开发。这个大工程，赵光荣又一次大肆违规操作。为了开发港口，赵光荣自作主张免掉了开发商应缴纳的200万元河道工程占用费，并直接命令水利局出具河道废弃证明。这等于直接把口岸线当作废地批给了开发商。

三大工程在赵光荣的强力推动下，全线启动。赵光荣享受着不受束缚的“土皇帝”式的权力，内心的自我膨胀达到了顶点，一时间，G县几乎成了他的天下，赵光荣的话就是“圣旨”，所有部委办局唯他马首是瞻。

为了“给他面子”，生怕他“动位子”，G县二十多名党政干部先后向他行贿17万多元。他的家人、朋友也打着他的旗号四处承揽生意，动不动就吆喝：“我叫赵书记撤你的职！”

随着手中的权力成了脱缰的野马，赵光荣的灵魂也开始脱离轨道，跌落深渊。

腐败县委书记，创造“养狼理论”

权力已然脱轨，私欲必然滋生。

善良的人们有所不知，实际上赵光荣为所欲为，超常规发展，强力推行三大工程的背后，隐藏着不可告人的私欲：养肥几匹狼，见机就宰。万一升不了官了，也不至于两手空空。

赵光荣有套歪论：“招商引资，我做好服务，超出国家政策范围的事我都办了。你带几百万来，就能带几千万走。凭什么？哪儿有这么好的事！狼得养肥了再宰！”

他不惜几次违规，为开发商争利，表面上为了“鼓励开发”，实际上，就是为了“养狼”，这是他的“远期投资”。

赵光荣喂的头一匹“狼”就是某开发公司的郭强，就是他承接了县城的步行街工程，在赵光荣的一手策动下，郭强净赚6000多万元，违规退税还拿了200多万元。

第二匹“狼”，是某港口开发公司的胡康。他免费从赵光荣手上拿到口岸线开发权，建起了一圈海景房，获利数千万。

第三匹“狼”，是某公司的赵亮。赵光荣以每亩1万元的超低价批给赵亮500亩地建厂，还为其提供担保贷款1.5亿元。赵亮资金周转困难，赵光荣直接安排开发区管委会借给他2000万元。

最后一匹“狼”，是某公司的钱行。钱行在工业园区有220亩工业用地，赵光荣一手把持，将其中的80亩地违规变更为“商住综合用地”，钱行得以在工业园里盖起了十几栋商品房。

所谓“养狼千日，用狼一时”，这些开发商日后都成为赵光荣索贿的对象。

偏偏赵光荣有个贤内助，不仅把廉政警语贴满了赵的床头，谁要敢送钱到家来，第二天更是要大张旗鼓地送到行贿人单位去。

不仅如此，这位贤内助对赵光荣的私生活也是看管甚严，天天唠叨他，千万别在女色上栽了跟头。

有这样的贤内助，本是领导干部的福气，可赵光荣对妻子的管束不胜其烦，甚至大为光火。

离婚的话，赵光荣怕影响到自己的名声，耽误仕途，他可放不下自己热爱的权力；可继续这样的家庭生活，他又烦躁无比。

久而久之，赵光荣打心眼儿里厌恶家庭的束缚，内心深处渴望出轨，渴望一个“志同道合”、对他顶礼膜拜的可人儿，他需要“异性知己灵魂的共鸣”。他私下不住地慨叹：知音难觅！

赵光荣的“渴望和期盼”，在此后的一场晚宴上得到了回应，赵光荣自此彻底堕落。

物必先腐而后虫生，情迷权色交易

某次华商大会召开，赵光荣应邀参会。当晚酒会上，赵光荣偶然结识了一位姑娘李红，自称是旅法华侨，名头是“某交流委员会亚洲事务顾问”。

李红嘴里不断蹦出“CPI”“恩格尔指数”“选择成本”等经济名词，让赵光荣很是心动。他暗地里把李红和家里的“黄脸婆”做了个比较，李红明显“高大上”。

赵光荣豪气冲天地对李红表示：“你来我这儿发展，有什么事儿，我来摆平！”

赵光荣的色心，李红这个老江湖一清二楚，她也正想利用这个县委书记的大权，好好捞上几笔。

李红其实是个正儿八经的“土著”，曾和法国人结过婚，打着“法籍”四处招摇。不久后，李红邀请赵光荣赴上海考察。当夜，赵光荣就睡在了李红家里，二人发展为情人关系。

两个为了满足各自欲望的人，成功“交易”。

情人可不好养。

没过多久，李红就来到 G 县。赵光荣说到做到，大笔一画，立即把工业园在建的标准化厂房安排给李红代建，几百万元收入滚进了李红的口袋。可她并不满足。李红向赵光荣提出，帮她在上海买套商品房。

赵光荣哪儿来的钱呢？他不怕，“宰狼”的时机到了。

赵光荣吩咐郭强办妥此事。郭强的商业发展得到了赵光荣的一手庇护，自然遵命，立即汇了 311 万元给李红。李红只将 94 万元支付了购房首付款，其余另作他用。

不久，李红怀孕了，逼迫赵光荣离婚。赵光荣此时已得知李红的真实身份，也明白所遇不仅不是温柔知音，而且是个一心抢钱的厉害角色。他害怕丑事暴露，一面果断分手，一面要求郭强赶紧将房子收回。

郭强收回了房子，并和李红签下协议约定，扣除李红担任郭强公司商务顾问的费用 100 万元，李红仍欠郭强现金 100 万元。

在李红生下女儿后，赵光荣为了养育这个私生女，吩咐郭强免掉这 100 万元债务。

好不容易摆脱了李红的纠缠，赵光荣不仅没有吸取教训，反而觉得自己没有摆不平的事儿，他还要继续“追求自己的幸福”。

时隔两年，为了G县被曝光的一起投诉，赵光荣赶赴北京，结识了北京某媒体的女编导王蕾。

北京媒体、编导、女文青，条件优越，赵光荣又动了贼心。

于是，从手机短信开始聊起，两人的“友谊”迅速升温。终于，王蕾坐飞机赶至N市，与早已在此等候的赵光荣欢聚，一夜春宵。

次日清晨，王蕾就给了赵光荣一个“惊喜”，说是来得匆忙，卡上没带钱。赵光荣此时正要赶回G县开会，一听此言，乐了：要钱就简单了，这有何难呢！赵光荣一个电话，郭强立即汇了5万元到了王蕾的招商银行信用卡上。

好大的气派！原本以为可能只是场露水姻缘，没想竟遇到个“土豪金”，这回王蕾死心塌地跟着赵光荣了。作为回报，赵光荣给了她更大的惊喜。

王蕾赴G县出差，在工艺品市场看中了一个水晶制品，标价30万元。王蕾告诉了赵光荣，赵光荣当即在电话里表态：“这算什么。你等着！”

赵光荣吩咐钱行办妥此事。钱行二话不说，花费15.8万元买下，亲自派车送到北京王蕾的府上。

王蕾是个聪明女人，她摸透了赵光荣极度自我的个性，表面上顺顺从从，从不要求他离婚，也不要什么名分，这让赵光荣很是满意。因此，当王蕾提出要赵光荣帮助买房时，赵光荣满口答应。

王蕾看中了北京一套价值400多万元的商品房，首付款要200万元，赵光荣用的还是“宰狼”的老办法。

赵光荣以王蕾投资拍电视剧缺钱为由，要胡康投资100万元。赵光荣嘴上说是“借款”，倒是胡康“实在”，明确表示不用还了。第二天，100万元就到了王蕾账上。

还缺的100万元，赵光荣找到了赵亮。这次没有任何借口，赵光荣直截了当一开口就“借款”100万元，还特意补充说明：“你的企业在我这儿，这样做肯定有好处。”赵亮在 G 县可是投下了全副身家，岂敢不从，很快，100 万元又到了王蕾账上。

“赵光荣为一个个老板谋取利益，又指定情人获取好处，貌似受贿都用在了女人身上。其实，没有无缘无故的爱。他所做的一切完全都是为了满足自己的欲望。”承办检察官说。

最终，赵光荣在看守所内迎来了迟到的忏悔。他说：“我是自我感觉太好，有了权更是以为什么事都能做，女人啊、金钱啊，为所欲为。”

检察官问：“难道你不知道，这一步错，步步错吗？”

赵光荣说：“到了那个癫狂的境地，就是知错也不会改了。”

环环相扣，定罪赵光荣

赵光荣腐败案案值大，犯罪手段隐蔽，又是指定“特定关系人受贿”的新型犯罪，成功还原案情真相，锁定证据，指控犯罪，颇费周折。

“根据‘两高’2007 年 7 月 8 日发布的《关于办理受贿刑事案件适用法律若干问题的意见》：国家工作人员利用职务上的便利为请托人谋取利益，授意请托人将有关财物给予特定关系人的，以受贿罪论处，”承办检察官说，“综观全案可以确定，赵光荣是以帮特定关系人借款为名，行受贿之实的新型犯罪。”

因此，如何证明赵光荣和行贿人之间不是一般的借贷关系，而是“以借为名”的受贿关系，成为侦查重点。

检察机关对赵光荣以涉嫌受贿罪立案侦查后，在外围取证时遇到了麻烦。李红此时已在法国定居，根本无法获得口供。怎么办？

承办人检察官找到了郭强，郭强承认：“在赵光荣的支持下，我搞开发赚了不少钱，他要我免去李红的 100 万元债务，我只能照做，这是还他人情。”

孤证不足以定罪。检察官继续深入追查。当李红以怀孕要挟赵光荣的时候，赵光荣曾授意郭强向法院起诉追回这 100 万元欠款，借此混淆视听，借“大义灭亲”来撇清关系。

检察官在郭强公司找到了法院确认这 100 万元欠款的法律文书。

这下赵光荣反倒是搬起石头砸了自己的脚，这份书证有力证明了这笔债务关系的事实存在，而赵光荣指使郭强免除这 100 万元债务，实际就是让李红获利 100 万元。

同时，检察官对于行贿人的取证工作继续深入，赵亮坦言：“我在 G 县投资了七八个亿，可以说，身家性命都在这里。赵光荣是县委书记，我怎么敢得罪他。他向我要钱，我只能去满足他。”

随后，检察官调取了王蕾的实名账户，获取了 200 万元资金的往来记录，王蕾承认，这是赵光荣安排胡康、赵亮给她汇款用于买房的 200 万元。

调查至此，赵光荣受贿案已铁证如山，无可抵赖。

检察机关查明：赵光荣利用担任 G 县县委书记、县人大常委会主任职务之便，在土地出让、项目开发、资金协调等方面为他人谋取利益，向他人索要和收受他人财物给其情人、父母，受贿款物合计人民币 381 万元。

法院一审以受贿罪判处赵光荣有期徒刑 14 年，并处没收财产 50 万元。赵光荣服判，未上诉。

目前，检察机关已追回赵光荣犯罪所得 220 万元及水晶工艺品一件。

（文中涉案人物均为化名）

观察

三招治理“一把手”腐败

在赵光荣腐败案尘埃落定后，检察机关曾总结了一份《关于赵光荣受贿案件查办情况的报告》，其中提出的意见对预防类似腐败犯罪行为具有极强的现实意义。

一、提升党员领导干部的道德修养，是遏制职务犯罪的治本之道。赵光荣的自我毁灭就是从失德、丧德开始。必须把道德修养贯穿于个人工作生活的全过程，八小时以外全天候监管。

二、完善党内民主集中制，强化监督是预防“一把手”犯罪的有效途径。只有发扬好党内民主集中制，才能对抗“一言堂”“家长制”。

三、强化上级党委、纪委对下级“一把手”的监督，增强履行权力的透明度，保证权力在阳光下运作。

更为关键的是，权力来源于人民，如何让人民发挥权力主体的作用？

如何创造条件让人民群众对“一把手”形成有效监督？

如何让人民群众的监督权力不受随意干扰、践踏？

让人民群众无所不在的眼睛盯着“一把手”，让人民群众朴素的正义观判断施政得失，让人民群众的善良本性决断是非曲直。这才能从根本上解决“一把手”腐败的核心问题。

06

"红顶商人"变身"股市庄家"：不良体制滋生"腐败怪胎"

导言

J 省铁路公司下属的 T 投资管理公司惊现 3 亿"国资黑洞"，冰冻三尺非一日之寒，内幕层层揭开。

T 投资管理公司原总经理古立行挪用巨资，坐镇股市，巨亏 3 亿。

"红顶商人"坐镇股市，贪污、挪用"公私兼顾"

N 市人民检察院接到群众举报：J 省铁路公司下属的 T 投资管理公司总经理古立行，在公司出现巨额亏损近 3 亿的情况下，将公司账上 160 余万元效益工资全部私分。古立行本人却在公司内外议论纷纷时，全身而退，继续出任 J 省铁路公司的处长。

检察官初查后即判定，古立行有重大职务犯罪嫌疑。同时 J 省铁路公司原董事长王昆仑等人涉嫌受贿的线索也进入了检察机关的视线。

古立行等人私分 160 多万元效益工资是此时唯一的突破口。

在 T 投资公司亏损如此严重的情况下，效益工资从何而来？如果不是私分，那又是何人批准的呢？

T 投资公司原财务部经理王迅被传唤到案，证实这 160 万元是按照公司成立之初的规定计算出来的效益工资，本应和公司亏损相挂钩。但古立行向铁路公司提出要拿这笔钱，没想到王昆仑主持董事会硬把这事儿批下来了。检察官判断：这里头肯定有猫儿腻。

王迅到案 6 小时后，古立行被“约请”到了检察院。古立行万万没想到，他调离前的这个小动作会将自己苦心经营的“小金库”彻底暴露在阳光下。

检察官在搜查古立行办公室时发现，古立行平日里正在潜心钻研《经济犯罪研究》一书，还在关键处画着数道红线。这个迹象意味着什么？

古立行在审讯中表现得异常冷静，一口咬定自己除了把奖金分了这点事，没有其他任何问题。可古立行越是镇定，检察官就越觉得他想隐瞒些什么。

翻开古立行的履历，这个表面上斯文内敛、行为拘谨的 44 岁男人有了初步的轮廓。

1980 年，古立行以“高考状元”的身份进入某大学管理工程系。4 年后又考上研究生，此后在大学任教 10 年。古立行在交通规划方面屡屡创新，硕果累累。古立行在开始攻读在职博士时，被调入 J 省铁路公司工作，任投资管理科科长。

靠着灵活的头脑和坚实的理论根基，古立行很快脱颖而出。顶头上司王昆仑和古立行是老乡关系，自然对古立行多了几分青睐，他的聪明才智都落在王昆仑眼里。古立行对经济活动的天分也在一笔笔赢利的投资操作中开始显现。

很快，古立行赢得了王昆仑的信任。J 省铁路公司组建投资公司时，作为王昆仑信任的能人和心腹，古立行顺理成章地坐上了“一把手”的宝座，成为正处级干部。

从古立行的工作经历来看，在股票市场频频获利是他得到提拔的重要原因。

检察机关此前也曾接到过关于古立行和证券公司相互勾结违规操作的举报线索，因此，检察官迅速调整侦查方向，果断以清查古立行涉及的股票交易账目为突破口。

很快，检察官在 T 投资公司账上发现了一笔可疑的股票记录，记录显示一支名为“Y 轿车”的股票已经交易出去，却并没有发现抛出后应转入账面的资金。

检察官继续侦查，T 投资公司经营部原经理萧林交代了实情。

原来古立行当上投资管理科科长后，就在暗地里开始了小动作。古立行受 J 省铁路公司安排，负责操作“Y 轿车”股票，委托 N 证券公司代理。很快，“Y 轿车”价格上扬，古立行立即致电证券公司在高位时赶紧把股票抛出，谁知，当天证券公司因机器故障导致交易未能成交。此后，“Y 轿车”股价下跌，T 投资公司一下子损失了十多万元。

古立行立即找到 N 证券公司理论。证券公司自知理亏，同意按照高位时市值 30 多万元的价格将钱贴给 J 省铁路公司，古立行将所持“Y 轿车”股票转给 N 证券公司就行。证券公司的钱很快就到了投资公司账上，可精明的古立行留了一手，他并没有及时将股票交还给对方。

过了一阵子，古立行看到 N 证券公司没人过问此事，便对萧林说：“既然没人来拿这只股票，这钱就挂在账外吧！”并把“Y 轿车”股票以“安身来”的化名放到了证券公司营业部进行操作。古立行小试牛刀，就为自己搞定了第一个“小金库”。

这个账外“小金库”的发现坚定了检察官一查到底的信心。检察机关查遍 T 投资公司在前后 5 年，累计涉及十几亿元的资金流向、299 个股票账户、几千个股东账户。十几台电脑昼夜不停地运转，处理相关数据，检察官兵分四路到全国各地证券营业部调取核查证据材料。

终于，更加惊人的犯罪事实浮出了水面，古立行依托国资为自己捞取巨额资金的事实逐渐清晰。

“公私兼顾搞双赢”，拆借资金跟大盘

坐上了“一把手”的宝座后，古立行明白自己之所以能得到重用，就是因为能在股票市场上赚钱。而 T 投资公司组建的初衷就是把 J 省铁路公司大量闲散资金汇集起来在资本市场牟利。因此，为了巩固自己的地位，古立行在当时

并不规范的股票市场，动用近5亿元的巨额国资控制大盘走向，从而操纵股票价格。靠着违规操作，他在短期内就为公司赚得了近亿元的利润。

在古立行被当作功臣的同时，他也确立了自己“公私兼顾搞双赢”的原则。幻想在公家赚钱的同时，自己也能悄悄攒上些银子，然后再去轰轰烈烈搞份属于自己的事业。

从此，古立行不再满足于先前的小打小闹，而是依托巨额国有资本，运用自己的专业才识，大展拳脚，其捞钱的方式、方法在贪官腐败史上实在算得上是独辟蹊径。

古立行往往利用T投资公司的资金将一只股票价位打压到最低，然后用个人资金大量买进，接着操纵巨额国资将这只股票市值运作到高位，随即再将私人名下的同种股票高价位抛出，再用公司的钱高价位承接，实际上就是用公家的资金在股票市场杀开一条血路，自己稳稳当当坐收惊人的渔利。

古立行这个中饱私囊的绝妙“战略”，不仅高智商，而且无成本。因为他为自己低价买进、高价抛出的大量本金，也是通过挪用公款获得的。

古立行私自将T投资公司的1万股“某某重工”、2万股“某某电仪”等股票在高位时抛出，得款57.5万元，然后拿这笔钱紧跟公司的大盘，赚了20多万元。同年6月，为了掩人耳目，古立行又将卖出的同种、同量的股票在低位时买回，归还给公司，自己轻松就赚了大钱。

渐渐地，古立行的胃口越来越大，几十万的往来已不能满足他的欲望，他想紧跟坐庄的大盘路线，一次就赚个盘满钵溢。而这个新战略的关键还是资金，而且是足够多的个人资金。

古立行向N证券公司提出想私人拆借一笔资金。其实古立行清楚：证券公司向客户拆借资金是不允许的，一是可能造成投资风险，导致资金无法收回；二是把钱借给关系户，证券公司虽然收取利息，但这对其他客户而言显失公平。

但古立行成竹在胸。他自己的投资公司在N证券公司开设的账户投有2亿元的资金量，因此谁都不敢轻易得罪手握财权的他。而此后事情的发展果然如他所愿。

N 证券公司在明知违规的情况下，两次非法拆借给古立行 8000 万元资金。古立行口袋里有了钱，腰杆儿立马硬了，赶紧跟住 T 投资公司的坐庄路线。他一方面指挥国资操纵股市，另一方面让私人资本逮着便宜就钻，真正做起了稳赚不赔的捞钱买卖，短短两年就非法获利 1000 多万元。

在股票市场，T 投资公司和古立行终于依靠违规操作，获得了“双赢”。

贪污差价补偿款，遭遇“熊市”终崩盘

T 投资公司动用 3 亿元资金，坐庄一只名为“某某铝业”的股票，很快从每股 5 元炒到了每股 15 元。而此时，H 投资有限公司（以下简称 H 投资）也动用上亿资金操作此只股票，双方几次大规模对庄，结果谁也没占到便宜。

H 投资的张总找到了古立行，开门见山地表示：“古总，你这只股票很有名气，你看能不能转给我，有了好处绝不会忘了你。老是对庄，大家都没有好处！”古立行脑袋转得飞快，一合计，立即答复：“你们天天和我对庄，搞得我头疼，你们得付给我们公司精神补偿金！”

张总立即明白了古立行的意思，当即表示：T 投资公司如果将手头持有的“某某铝业”股票“倒仓”卖给 H 投资，H 投资则按每股 18 元来结算，其中的差价补贴给 T 投资公司。至于这笔差价补偿款打到哪个账户，听古立行吩咐。

古立行心想：5 块买进 18 块卖出，反正公司赚了大钱，大家肯定没话说。而市场价目前来看比每股 18 元要高，自己要是偷偷将差价拿下来，肯定也有的赚。于是，古立行对此提议欣然同意。接着，双方成功“倒仓”，在古立行的授意下，H 投资用高出的差价购买了 400 多万元国债和 100 多万元股票，款项直接转入了古立行的私人账户，600 多万公款轻轻松松落入了腰包，而古立行同

时还博得了为 T 投资公司赚取巨额利润的美名。

就在古立行“公私兼顾”、春风得意之时，他万万没有想到马上会遭遇中国股市的数年寒冬。常在河边走，一直没湿鞋的古立行刚愎自用，仍然妄想着利用手中职权再为自己狠捞几笔。他的顶头上司王昆仑此时也坚决支持他的一意孤行，不肯退出股票市场。王昆仑心里头也打着小九九：T 投资公司改制在即，届时他按规定可以拥有 10% 的股份，如果 T 投资公司能够继续获取暴利，那他不费吹灰之力就可以分得更多。

可最终，连续“熊市”让这两个心怀鬼胎的人彻底傻了眼。不仅此后再也没有机会中饱私囊，他们变本加厉的违规操作反而搬起石头砸了自己的脚，使 T 投资公司在股票市场连续“滑铁卢”，造成了近 3 亿元的巨额亏损。

事发后，王昆仑被严肃查处，始作俑者古立行自然也得为自己的罪行付出代价。

最终，J 省高级人民法院二审以犯贪污罪、挪用公款罪判处古立行无期徒刑，剥夺政治权利终身，没收个人全部财产，追缴古立行贪污赃款 603 万元、非法所得 1022 万元、“某某旅游”股票 46 万股。

铁网高墙的会见室内，儿子对古立行说：“爸爸保重，将来儿子为你养老！”曾经的“红顶商人”悔恨交加，泪如雨下。

古立行对检察官痛悔地表示：“我不抽不赌不嫖，家庭幸福，身体健康，每年合法收入就有 80 多万元，我要这么多钱干吗！”

这个曾经靠着巨额国资在股票市场上兴风作浪、大肆中饱私囊的“红顶商人”，将在铁窗内细细体味他在经济大潮里的每一次沉浮，细细体味金钱和资本在这个时代对社会、对个人的真正意义。

（文中涉案人物均为化名）

观察

“红顶商人”应何变身“股市庄家”？

近年来，“红顶商人”现象广受公众诟病。所谓“红顶商人”，一般有两种。第一类本身是企业家、商人，当其所领导的企业取得一定的成功后，便开始谋取政治地位，或被赋予一定的行政级别，或头顶人大代表、政协委员的光环，这似乎体现了政府对有突出贡献企业家的特殊回报；第二类则是指官员到企业去兼职，这些企业因与政府关系非同一般而被称为“红顶公司”。

与前两类“红顶商人”相比，本案中的古立行属于那种为数虽不多，但掌控的资金量庞大、地位显赫的国有独资公司的当家人。他们一方面是以企业形式运作的国有资产的实际掌控者和支配者，另一方面又都跟随大型国企的“高级别”而拥有相当的行政级别。相对于前两类而言，“红顶商人”这个概念，对他们更加恰切。

这第三类“红顶”乃是公有制社会跨入市场经济后必然保留的大蛋糕，由于体制尚未完善以及公司“人治结构”长期不能消除，这类“红顶”企业往往存在“权力越位”后的非法经营，不但妨害正常的市场竞争，甚至形成新的垄断，随之滋生出更多“红顶商人”的腐败。这可谓改革的难点、顽症之所在。

这类“红顶商人”的手段随着社会经济的转型而不断更新，具有很强的时代特征。在市场经济初期，他们开始利用能够变现的权力拓展“寻租”空间，并且初尝甜头，冒出了一批暴发户；在市场经济转轨期，他们更多的是利用国企改制之机疯狂吞噬国有资产；而时至今日，他们开始运用国有资本操纵股市，谋取小团体及个人利益，成了红顶资本“弄潮儿”。

这种现状，是由现代企业实际运作中，国有资产投资者的权力高度下放，经营者缺少监督，其自主权无限扩张造成的。

国有企业资产所有人的缺位必然会导致代理人的权力滥用。T 投资公司陷入困境，虽然有古立行个人独断专行的原因，但最为根本的还是 T 投资公司混乱的治理结构酿成恶果。按照现代企业制度的要求，必须规范公司股东会、董事会、监事会和经营管理者的权责，形成权力机构、决策机构、监督机构和经营管理者之间的制衡机制。但在 T 投资公司，我们什么也没看到。

古立行的作案手法看起来很特别，但他绝不会空前绝后。随着国有资金的介入，他们已不仅是一般意义上的庄家，也不仅仅是一群依靠价格操纵的不法获利者，而是一种制度、一种文化的产物。令人诱惑的公私兼顾的空间，会使任何一个人格并不完美的人无法抗拒，从沉甸甸的“左口袋”取出一点放进自己的“右口袋”。

应当特别重视的是，比资金及信息优势更加强大的，是他们背后的势力或共荣共舞者——主管部门为何一再纵容？证券公司为何违规拆借？这才是“红顶商人”最令人恐惧的本质。

更深一步说，某些处于社会各个领域、各个层面的主体正试图结成一个巨大的网络，并寄生于体制内的合法性资源之中。在纷纷将噬血之管插入股市的同时，他们还以各种方式将社会公共资源推入股市，以供其自肥。短短 5 年间，仅古立行一人就操纵十几亿元国有资金在近 300 个股票账户之间流转，这又得坑了多少股民！

“红顶商人”成为“股市庄家”并不是偶然的，这是由不良体制、文化滋生的怪胎。希望随着经济体制改革的深入发展，这种怪胎能早日丧失赖以生存的土壤。

07

豪赌镇长贪污、诈骗1400多万元："豪赌通道"形同"腐败通道"

导言

D镇原镇长吴康贪污、诈骗公款1400多万元，48次出境赌博血本无归。吴康由赌而贪、疯狂作案、走向深渊的沉痛教训令人震惊，也令人反思：身为国家工作人员，因公出境受到严格限制，却为何能频频出境，如履平地？为何公共财政账户上的公款能肆意挪用，如探囊取物？

初涉赌场，释放欲望之魔

当吴康被抓获归案时，连他的家人都没有想到他竟是个疯狂的赌徒。

吴康平常连看人打牌都没有兴趣，更不允许家人染指一步。直到吴康腐败案开庭审理，豪赌镇长的真面目才彻底揭开。

吴康，四十出头，中等身材，文静秀气。20世纪80年代初从师范院校毕业后做了小学老师。靠着勤奋肯干、文笔出众，吴康被调至H市政协工作。35岁时，他当上了H市政府办公室副主任，随后，调至D镇任镇长、镇党委副书记。

谈到吴康的性格，D镇政府工作人员印象一致。他不爱说话，也不喜欢和别人扎堆。单位联谊活动，大家热热闹闹跳舞，他就在一旁静静看着，直到大家散场，他才默默走开。

"就是一个典型的书生形象，你根本想不到他的胆子竟然这么大！"承办检察官说，“直至案发，吴康的家人都不知道他竟是个赌痴。平常他看到自己的父母玩玩纸牌都要发火，可见隐藏得有多深！”

这个文静、内向，看起来无任何不良嗜好的人，究竟是怎样一步步迈向犯罪深渊的呢？

某年，吴康作为H市政府办公室副主任随团前往韩国招商引资。闲暇时，他被导游安排至当地有名的赌场华克山庄游玩。

在此之前，吴康只在一些影视作品上见识过赌场，当他亲临其境时，人人摩拳擦掌、杀红双眼的热腾劲儿让他大为震撼。吴康琢磨：这些人都怎么了，赌博难道就这么刺激？

在华克山庄转悠了一圈，吴康对十几个人围在一起的“百家乐”（一种扑克牌赌博）产生了浓厚兴趣，但什么“庄家”“闲家”“买庄”“买闲”，又让他一头雾水。

导游看着吴康一副大惑不解的样子，便向他详细解释，聪明的吴康一听就懂。与其坐观，不如亲身下场玩两把。吴康摸摸口袋，有200多元美金，于是就兑换成筹码，开始小试身手。

没想到，这次玩票却带来了5000多元人民币的意外回报，吴康用赢来的钱购买了一台摄像机带回了国内。

韩国之行带给吴康的印象是极其美好的，美好得甚至有些不真实。回到家，他的脑海中还在不断回放那些赌场的镜头。这次初试，放出了他囚在心中的欲望之魔，他没有意识到，自己已走到了悬崖边。

一年后的7月，吴康随团到香港招商，途经澳门，在著名的葡京大酒店，吴康终于又有了机会感受赌城的魅力。

“百家乐”桌旁、“二十一点”台边、老虎机前，各色人等铆足了劲奋力搏杀，甚至几个70多岁的老太太摇着纸扇、叼着香烟也在尽情地玩。“在澳门，赌博的氛围实在是太浓了，让你身不由己就想去玩两把！”吴康在案发后说。

吴康正想换筹码去感受一番，没想到一摸口袋，却是囊中羞涩，正在进退维谷之际，身后一双眼睛盯上了他。

此人名叫阿海，东北人，三十出头，矮胖白嫩，戴副无框眼镜，一副憨态。这个阿海可不简单，明里在赌场是个“洗码工”——负责将客人的现金换成筹码，暗里其实就是赌场掮客，他们一伙人专门放贷给大陆赌客，从中抽头赚取暴利。

阿海瞄上了吴康，上前与之一番交谈。吴康对同为内地人的阿海很有好感，阿海也从侧面了解到吴康的国家干部身份，于是不失时机地提议：“你们出境不能携带大量现金，赌场专为你们服务，我们可以提供无息借款给你，只有一个条件，你每把赢利我们都要抽头 10%，如果你输了，只要把本金还给我们就行了！”

吴康一听，动了心：赢了分点给他们又何妨，输了嘛，反正照价给钱，天经地义。于是，吴康便用阿海提供的现金玩起了“百家乐”。手气仍然不错，最终，吴康赢走了 2 万多元人民币。

离开葡京时，吴康恋恋不舍。他哪里知道，一天的赌局常常上百把往来，每把赢利阿海等人都要抽取 10% 的红利，利润相当巨大，而输的钱则都要从赌客身上捞回来。这包赚不赔的买卖直到吴康深陷其中才知道利害。

此时，吴康满脑子想的都是怎样再次回到澳门，怎样可以快速出境继续他的发财梦。

他的面前已是万丈深渊。

身中赌瘾，坠入赌博深渊

澳门参赌的经历让吴康念念不忘，回到 H 市，一幕幕纸牌飞舞、筹码押注的场景仍让他兴奋不已，仿佛无数钞票在向他招手。吴康像丢了魂似的，浑身不自在。

此后，吴康却一直没有因公出境的机会，他急得如同热锅上的蚂蚁，坐立不安。

根据 H 市外事部门的规定，科级干部出境必须经市委批准，报外事办公室备案。临行前，每人还必须交纳 500 元押金，待每次归境后前去领取。这种象征性的押金制度，就是为了促使官员在归境后，自觉地为自己增加一个详细明确的出入记录。

吴康对这些规定了如指掌。如何避开规定，成功出境，成了他的一块心病。

几番思虑，H 市外事办公室的张小强进入他的视线。吴康在 H 市政府办公室任副主任时，张小强就是办公室下属的外事科负责人，两人关系不错，直觉告诉吴康，张小强就是他的突破口。

张小强，三十出头，仪表堂堂，本科学历，H 市无线电管理委员会办公室主任，兼着外事办公室出入境手续办理的工作。

吴康靠着往日同事关系邀请张小强吃了几顿饭，借着酒劲，吴康表示：自己作为一镇之长，出境跑外资的任务很重，生怕完成不了指标，但因公出境的手续很烦琐，能不能提供一些便利。张小强酒酣耳热，当即回答："办法还是有的！"

吴康心领神会，奉上了 7000 元现金。收下了钱，张小强自然大开绿灯。于是，吴康未按规定将因公签证上交组织，在签证的半年有效期满后，张小强又为其办理了签证的延期手续。

后来，吴康嫌因公签证留有记录，频繁过境太招摇。张小强拿人手短，竟然将吴康港澳通行证上的"因公"改成了"因私"。

如此一来，吴康就再也没有了公务身份出境的顾忌，终于可以去赌场大展身手了。

从此，吴康一到周五下班，就借口去上海参加研究生班学习，直奔上海机场，随即登上赶往澳门的晚班飞机。一落地，就马不停蹄地冲进葡京，开始通宵鏖战。

可前两次美好的赌场回忆眨眼就成了水中花，吴康的好手气一去不复返，次次输光自己随身携带的 2 万元出境现金。没钱翻本怎么办？阿海为吴康提供了一项特殊服务：刷卡透支。

吴康随身携带着一张中国银行国际卡，可以透支消费，但取不出现金。但在赌场里，通过刷卡，银行账单显示出来的全都是购买物品的消费记录，其实这是赌场为应对内地出境者不允许超量携带现金而提供的一项特殊的“赌场服务”。

吴康摸到了救命稻草，赶紧再上赌桌。谁知，一路颓势，中国银行国际卡又透支了十几万元。

在澳门输了个精光，吴康一回到家就急着去筹钱，他以自己在外招商急需垫资为名，向做生意的妹夫李明借来了 50 万元，又在周末匆匆赶到澳门，可钱砸下去，仍然只见水花，听不着响。

输红了眼的吴康向阿海伸出了颤抖的手，借来 80 万元本金。可仍然是兵败如山倒，短短两个月吴康就输掉了 100 多万元。

一边是想要钱继续翻本，一边是如山赌债要还。钱从哪儿来呢?

很快，一个机会来了。H 市某房产公司的叶平听说某纺织有限公司即将整体搬迁，便想购买该公司的土地搞开发。叶平知道吴康曾任 H 市政府办公室副主任，和某纺织公司的老总周洪关系很熟，便找到吴康请求帮助，吴康随即找来了周洪商议。周洪提出，转让土地可以，但他得收 150 万元中介费。叶平爽快地答应了。吴康提出这钱由他来转交。

其实，吴康想的是，这钱如果能到他手上，就能先盘活一阵子。果然，150 万元本该交给周洪的钱，吴康拿到手就还了赌场 80 万元，还了妹夫李明 50 万元，7 万元垫上了中国银行国际卡上透支的钱，另外 13 万元打到赌场提供的账户上，继续回到澳门搏杀。

明明是人家的钱，只是帮人转个手，可吴康中间拔了个一干二净。最终项目没谈拢，叶平找到吴康要钱。吴康双手一摊，开始赖账，看着躲不过去了，就赌咒发誓一定尽快归还。

吴康此时的希望全部寄托在赌场上，可偏偏事与愿违，仍然是输了又输，输了继续在赌场借。前后吴康总共输掉了 400 多万元。当阿海冷冷地报给他这个巨额数字时，吴康惊呆了。

如果此时收手，吴康还能在坠入谷底之前及时止住。可他已经无法回头了。

赌债如山，炮制"规划"疯狂敛财

每个周日的夜晚，吴康从澳门仓皇而归。每个周一的清晨，他还必须正襟危坐地主持D镇的例会。吴康看上去跟没事人一样，其实他内心无比恐慌，既怕澳门赌场来人催债、事情败露，更怕自己前后搭上去的这些巨款无法归还，自己的前途、家庭的幸福毁于一旦。

唯一的办法只能是不断砸钱，期望翻本。可该借的人都借了，该赖的账也赖了。吴康抓耳挠腮，苦思冥想。

在不可终日里度过了两个月后，一项新农村建设的政策出台，让吴康眼前一亮：有办法了！

H市召开了座谈会，提出新农村建设的"四个集中"，其中"农民住宅要相对集中"是这次会议的一个亮点。

由于D镇镇党委书记一直生病，便由吴康一人连续主持召开了多次镇党政会议，明确了建设农民集中居住住宅的构想。

吴康极力促成此项目，心中仍然打着自己的小九九：这个项目新颖、超前，必然能吸引大批房地产开发商，到时候，他可以要求开发商预先垫付农民拆迁土地补偿款，圈到大笔钱。有了钱，就能渡过躲债的难关，同时，又有了重上赌场拼杀一把的机会。

吴康迅速行动。H市规划、设计部门召开了乡镇规划三级评审会，D镇的规划获得了通过。但在D镇人代会未讨论、H市市政府未审批的情况下，急火攻心的吴康就跑到了某规划设计院，自掏腰包1万元，做出了D镇新农村建设集中住宅示范区的规划图：总共5个地块，占地250亩，住宅700余套，总建设面积17.5万平方米。

消息一经传出，果然如吴康所料，各地的房地产商纷至沓来。吴康兴奋起来，自己有救了！

吴康神神秘秘地对他的妹夫李明说，D 镇将要建设农民集中住宅区，发展前景不可限量。李明手头没这么多钱，就游说某彩钢厂厂长张大方一起来投资。张大方一听这个项目，连声说好，当即决定投资 150 万元。

对吴康这个镇长，张大方自然是连一丁点儿的怀疑都没有，直接将 150 万元汇到了 D 镇财政所账户。

这钱打到了财政账户上，吴康想取出来用去赌博，恐怕就没那么容易了吧？

吴康自有办法。

钱一到账，吴康就找 D 镇财政所所长郭为商量。郭为一听吴康来找，赶紧出门相迎。此时，在 D 镇，吴康以镇长身份主持党政工作，是名副其实的“一把手”。郭为有着自己的心思：书记长期生病，吴康全面负责，把他伺候好了，说不定自己还能提拔个副镇长当当呢！

吴康一看到郭为，就要求将刚到财政账户上的 150 万元提出来，理由是自己要去“跑外资”。所谓“跑外资”是为了招商引资的顺利开展，帮助外资企业注册的一种方式，将现金取出到境外兑换成外汇，然后再以外资的形式回到境内来注册。

郭为当然明白这种约定俗成的操作方式，但如此大额的账上资金由一人提现，他犹豫不决。可看到吴镇长那阴沉的脸，他赶忙说：“我赶紧去办，赶紧去办！”

随后，郭为在 D 镇几个主要负责人无一人知晓的情况下，开出了现金支票，以退款的方式将 150 万元现金从信用社取出，交给了吴康。

吴康随即将其中的 10 万元用来支付中行国际卡上的透支款，其余款项又全部打到阿海等人在广东所开的账户上，继续用于在澳门豪赌。结果，又是输得片甲不留，150 万元再次消耗殆尽。

巨大的赌债旋涡终于露出了狰狞面目，将继续令人瞠目地吞噬巨款。

此后，吴康代表 D 镇人民政府与 E 集团公司、F 大厦公司分别签订了建设农民集中居住示范区的协议，并约定由两家单位为镇政府分别垫付 300 万元、500 万元的农民土地补偿金，D 镇政府将于 3 个月内全部归还此款。

E 集团将 300 万元汇至 D 镇农业园区账户。吴康授意郭为用上次的方法顺利将钱提现，此款再次用于归还赌债和去澳门赌博。

时隔半月，已输得麻木的吴康向 F 大厦公司出具了盖有 D 镇人民政府和财政所公章的收条，F 大厦公司信以为真，将 500 万元打入吴康指定的账户。其实，这个账户是郭为的个人账户。

随后，郭为在吴康的吩咐下，将这笔巨款从自己账上转入了吴康的名下。

吴康拿到钱，立即归还了叶平 100 万元，以及陆续向其他人所借的 98 万元，拿着其余 300 多万元公款继续在赌场拼杀。结局自然可以想象。连阿海都说："吴康在澳门一赌就是两天一夜，最后都是输得只剩机票钱，常常两眼血红，让人看了都害怕！"

吴康已经为赌疯狂。他打着建设农民集中示范区的名义四处骗钱，以垫支工程设计费的名义，将个体户钱耀的 15 万元骗来后，再次在周末坐上了去澳门赌博的班机。

吴康甚至利用投资者对政府的信任，大伸其手。K 建设集团有限公司在 D 镇成立外资企业，特意委托 D 镇政府办理外资到账手续。此时，吴康如馋猫闻到了腥，以可以帮该公司换取外资为名，骗取该公司人民币 300 万元。其中 170 万元被用于归还赌债，剩余款项继续在赌场上打水漂。

纸总归包不住火。F 大厦公司眼看着工程迟迟没有动静，还款日期又到了，便来到 H 市市政府了解情况。谁知，市政府在 D 镇财政账户上根本就没发现这些巨款的踪迹。

此时，面对如山的赤字，吴康已经畏罪潜逃。前前后后，他总共输掉了 1700 多万元，甚至还欠赌场 82 万余元赌债。

H 市人民检察院接到举报，迅速对吴康展开追捕。

检察官调出吴康的出入境记录，发现在短短两年内，吴康出境至澳门达 48 次之多，他极有可能再度出境。但狡猾的吴康没有南下，而是反其道，北上而去。

检察官迅速调整追捕方向，利用技侦手段锁定吴康，将其在山东抓获归案。

随即，检察机关以吴康涉嫌贪污罪将其批准逮捕。

N 市人民检察院以吴康涉嫌贪污罪、诈骗罪、受贿罪向 N 市中级人民法院提起公诉。法院认定吴康贪污公款 950 万元，诈骗他人财物 495 万元，受贿 1 万元。一审以贪污罪、诈骗罪、受贿罪，判处吴康无期徒刑。

在此之前，D 镇财政所原所长郭为以滥用职权罪被判处有期徒刑 1 年 6 个月，缓刑 1 年 6 个月。H 市无线电管理委员会办公室原主任张小强以滥用职权罪、诈骗罪被判处有期徒刑 1 年 6 个月，缓刑 2 年。

庖丁解牛，三大病灶构成“豪赌通道”

吴康在看守所内的反思很深刻，他总结了“看、干、狂、死”四个字，为所有赌徒敲响了警钟。

吴康认为他从看赌到亲身上场干赌，到疯狂挪用公款再到走投无路，都是被赌瘾所害。他每个周末长途奔袭 8 个小时到澳门，赌场提供的贵宾休息室从没进过，山珍海味也没尝过，一来就上赌桌，饿了就吃包子，只有两个原因可以让他离开赌台：一是飞机到点，二是输光了口袋。

甚至，连吴康的岳父去世，他当日和爱人赶去奔丧，竟然都熬不住赌瘾发作，和妻子说有招商任务，连夜飞至澳门。中毒之深，可见一斑。

吴康在最疯狂的时候，一夜就输过 300 多万元。“等到我输了 1700 多万元，我才发现，阿海等人已经在我身上赚了 400 多万元！我后悔啊，但又有什么用呢！”吴康说。

在案发之前，吴康带着一家人去了上海，本打算在高速上撞护栏，全家人一起自杀，但眼看着无辜亲人受累，他最终没能下得了手。

吴康的悔悟让人心悸，但这一切已经发生，悔之晚矣。

承办检察官认为，三个环节上存在的病根，为吴康构建了一条赌博通道。

首先，是境外赌博集团不断向内地的主动渗透，这是一个严峻的现实问题。

“我们在最高人民检察院个案协查办公室的陪同下，赶赴澳门取证。调查发现，阿海等境外赌博势力已经将大陆官员作为了攻坚重点，可以说，如果不是他们主动诱惑，并且为吴康提供了可以转入资金的通道。吴康就算想赌，也挪不出去这么多资金。”承办检察官说，“他们当场提供借款，然后派人来内地收债；提供刷卡服务，POS 机 24 小时伺候；甚至在内地设有转账户头，只要资金到账，就可以在澳门用同样数额进行赌博。成功规避了官员自身携带资金不得超过 2 万元现金出境的政策限制，让吴康可以为所欲为！”

赌博国际化是当今各国政府头疼的问题，如今这把赌火已经烧到内地，如何监控赌博集团在内地开设的非正常账户，如何使银行卡业务不为赌场所用，如何控制赌博集团成员随意出入境，是我们不得不面对的迫切难题。

其次，掌握出入境审核手续的官员严重渎职。

张小强的胡作非为，让吴康可以从容出境参赌。张小强作为出境手续承办人，他的职务履行就成了问题的关键，那么是否有相应规定对张小强的行为进行有效制约呢？

按照规定，县科级干部出境需报所属地级市外事办公室备案，不需省外办进行监督。而且各个县级市都可以视情况而定，进行一些政策性的微调。所以，出入境管理的权力很大一部分就集中在基层外事部门工作人员的手中。

但目前，频频发生的基层干部出境赌博案却一再提醒我们，对这一级别干部出国的审核必须进行更为严格的管束和制约。

最后，基层政府财政制度混乱。郭为在吴康的吩咐下滥用权力，草率行事，随意提现，如此“听命”于领导，财务制度形同虚设，他自身的财会职责丢失殆尽。

“案发后，D 镇政府已作出了积极整改：所有财政性资金、往来款项一律进财政账户，严禁进入个人账户；所有支付凭证都必须具备经办人、证明人、分管领导、财政所长、审批人共同签字；凡所需的支出，只要收款单位有银行账号的，支付时应办理银行转账手续。”承办检察官说，“这些措施从根本上化解了乡镇一级的财政风险，但如果继续出现郭为等人的不履行职责或不正确履行职责，再严密的制度都有可能出问题。所以，检察机关对他们的处理可以说是惩一儆百。”

以上三个环节构成了一条境外赌博通道，也是吴康案潜滋暗长的土壤和肥料。

承办检察官认为，吴康腐败案的彻查，对遏止官员境外赌博的现象具有重要意义，“官员赌博已经成为一个严峻的社会问题，由赌而贪，几成定律。不仅腐败官员自身跌入犯罪深渊，还造成了国家的财产损失，对社会风气造成了巨大的侵蚀和危害。吴康一案的警示在于必须建立严密的防范体系，摧毁官员境外赌博通道，让这些人不能轻易出境，并且动不了公家的钱。赌瘾再大，没有了赌博通道，才能防患于未然”。

（文中涉案人物均系化名）

豪赌镇长缘何频频得手？

以吴康的种种伎俩，人们完全有能力去揭开他的“画皮”。在现有制度条件下，只要有一个环节被坚守，他就绕不过去，就会提前“现形”。因此，真正可怕的不是他有多么狡猾，而是我们太大意，缺乏足够的警戒意识和辨别能力。

为掩人耳目，吴康每次赴澳门赌博时对往返时间都有精准的计算。坐车从海门到上海，再坐飞机从上海到澳门，一般要六七个小时，周五下午动身，当天晚上到澳门直奔赌场，连续“作战”，不分昼夜，疲惫不堪。星期天下午，则算准飞回上海的时间，准时赶回海门，在飞机上睡上一觉，然后在回家的汽渡上将所有票据撕碎扔掉，不留一点痕迹。周一上班时，还要容光焕发，准时坐在办公室里，召开会议。

这种镜头出现在生活中，像极了电影里的情节。每每掩人耳目的吴康，就是如此神出鬼没，角色多样。

可这幕丑剧是如何上演的呢？

一是骗取信任，消除戒备。在同事眼中从来不碰赌桌的吴康，48 次到澳门赌博，不仅瞒过了领导，瞒过了同事，甚至瞒过了妻子和孩子。吴康认为："我到澳门赌博这么多次，没有任何人知道。"这是何等的自信！不幸的是，他成功了。

二是避开监督，捞取钱财。吴康作为镇长，手中拥有很大的权力，但是每一项权力的行使，都有一整套运行制度和程序，所以搞招商引资、与商家谈项目，都配有相关部门人员在场，但这在吴康眼中无异于形同虚设。他以政府的信誉为担保，以官位为资本，用权力的指挥棒成功回避了应有的监督，轻而易举地贪污了公款。

三是赢得时间，满足欲望。吴康通过张小强在护照问题上为其大开绿灯，对组织、同志和妻儿分别假借各种名义私自行动，都是为满足赌欲而赢取时间。

如此这般的反面教材比比皆是。

沈阳市原副市长马向东在中央党校学习期间十几次溜到澳门赌博，回来做起报告来还冠冕堂皇；东莞市塘厦镇原镇长李为民挪用公款 1.12 亿元往返港澳豪赌 257 次，其中最频繁的一个月高达 17 次，比吴康有过之而无不及；厦门市原副市长蓝甫为暗中赌博，频繁辗转于澳门与厦门的赌场与会场之间，累得连脱肛也不敢吭一声。

但他们的倒行逆施并不是天衣无缝。要撕开画皮，需从以下几个方面着手。

一是切实解决政企不分。在我国，政府和企业"分家"已经多年，吴康却能借新农村建设的开发名义，直接收取或自由调配投资者巨额资金，充分暴露出某些基层政府部门政企不分的实质。

二是硬化财务监督。时下，招商引资似乎是个筐，什么都能往里装。巨额招商引资资金任由吴康支配使用，既无须集体讨论，也无任何制度约束。对权力的监督一旦形成真空，其滥用和寻租就成为一种赤裸裸的现实。

三是严密组织监督，当然也包括纪律、行政监督。镇党委对吴康行为“异常”没有引起足够的重视和深究，这种失察直接导致了吴康越滑越远、越陷越深。

四是强化家庭和八小时外监督。吴康屡屡编造理由开溜，哪怕组织和同志们能瞒得过去，其家人却不应浑然不知，如果他们警觉性高一点，早点给吴康提醒和忠告，他或许能早一点悬崖勒马，不至于导致今天的严重后果。事实再一次证明，家庭作为领导干部拒腐防变的一条重要防线，如果失守，其蜕变也就由偶然成为必然。

08

七种权力让建设局长坠入腐败深渊：绝对的权力导致绝对的腐败

导言

一个建设局长身兼七个正处级职务，庞大的权力让他得以把触角伸向城市建设领域的各个角落。

绝对权力导致腐败，何况七项职务下的七种权力！

这个绝对与众不同的正处级干部，凭借七种权力，成就了一次次的权钱交易，建筑商人趋之若鹜，金钱、古董、烟酒纷至沓来。

建设局长大权在握，七种权力于一身

钱民生官多权大，在L市曾是个不争的事实。首先来看看他最主要的两个头衔——L市建设局局长兼党委书记。

L市进行机构改革，规划建设委员会中负责规划的一部分，单独成立了规划局。而规划建设委员会中没有划出去的部分，与原先的园林局、市政公用局、建筑工程管理局合并成一个新的正处级单位——建设局。原市建设规划委员会副主任、园林局局长钱民生，出任这个统而化一的新局的局长兼党委书记。

如此一来，城市建设、园林管理、市政工程、建筑统筹的方方面面全部揽入囊中。单这个大局的局长、党委书记这两项职务，已经让钱民生在市建设领域成了名副其实的“一把手”。

除此之外，钱民生还身兼另外五个正处级职务：城市建设投资有限公司董事长兼总经理、H 风景区管委会党委书记兼主任、城市建设办公室主任。

这五项职务，个个都非虚职，权力范围都有特别之处。拿城市建设办公室来说，这虽是个非常设机构，但因负责协调城建、工程实施，在城市大开发、大建设的当口，位不高权却很重。

H 风景区是 L 市最著名的风景区，关乎城市形象，市政府对此投资巨大。这个党政一把手的权力也是非同一般。

某年上半年，市政府换届，钱民生作为副市长人选的四位候选人之一，列入公示名单，至此，钱民生可谓红得发紫，权倾一时。

钱民生究竟顶着几顶官帽，不要说老百姓搞不清楚，就是冷不丁让一些政府官员报一下，也会把他的一两个官衔给说漏了。至于钱民生七种权力的具体范围，如果画成一张表格，也肯定让人眼花缭乱。但归其一点，城市建设领域里的所有事情钱民生都有话语权。

好风凭借力，时势造英雄

1953 年出生的钱民生，原是一名自来水厂的普通电焊工，他善于钻研、技术出众、吃苦耐劳，在自己的岗位上任劳任怨，慢慢成长为“市劳模”“省劳模”，是当时的先进典型。

1981 年 11 月，钱民生第一次走上了领导岗位，成为 L 市自来水公司团总支副书记，后来历任市政工程公司经理、市城乡建设委员会副主任、市园林局局长等职务。

21 年领导岗位的磨砺，使钱民生既有扎实的实践经验，又有相当的理论水平，而且，对城市建设充满了热情。即使在检察机关对其审查时，他还在说：“关我几年放我出来算了，我还能为城市建设出把力！”

“这两年城市建设的飞速发展，确实凝聚着钱民生的心血。”市建设局的一位领导非常客观地评价了钱民生的能力。在城市道路建设方面，钱民生认为L市独特的地形不适于大规模修建沥青路，于是果断决定铺设水泥路。后来证明效果很好。

在钱民生的直接推动下，市里又相继引进了许多珍贵树种，把L市建成了一个集四方风情为一体的城市植物园。

钱民生工作能力卓越，工作作风也是一丝不苟。建设局的一位工作人员透露，“H风景区门票60元一张，一次有个副主任没买票直接带人到了景区，结果被钱民生狠狠地训了一顿”。后来，钱民生在售票处安装了摄像头，以此监督干部的行为，杜绝了拿国家资源做个人人情的歪风。

还有一次，H风景旅游区搞活动，为了防止游客在山上放烟火引发火灾，钱民生独自在潮湿、阴冷的山上盯了一夜。

无疑，钱民生敢于创新又脚踏实地的工作作风，成为他得到职务升迁的重要原因。L市经济全方位的迅速发展，也是钱民生“得势”的特殊条件，所谓“好风凭借力，送我上青云”。

近年来，旅游经济、港口经济的崛起与兴旺，给本来比较薄弱的城市建设提出了更高、更新的要求。在城建发展的浪潮中，钱民生适时地完成了任务，赢得了领导的信任和群众的赞誉。

政绩的认定，权力的追加，本来是为了让钱民生的能力发挥得更加充分，为L市的发展作出更大贡献。但是，赋予权力的同时，监督机制没有同步跟上。在能力和政绩的光环下，钱民生逐渐滋长的霸道、骄横、贪婪愈演愈烈。处于权力中央的钱民生最终走向了深渊。

大权在握，权钱交易纷至沓来

钱民生因涉嫌受贿罪被检察机关批准逮捕后，已查明案件涉及行贿人有50多人之众，受贿有100多笔之巨，权钱交易包括介绍工程、土地开发、减免处罚、安排工作、人事调动等方方面面。

钱民生掌握着L市城市建设的绝对权力，因此，对于众多商人而言，他就是这个领域里真正的“财神爷”。

为了讨“财神爷”欢心，众多行贿人煞费苦心。有的包工头了解到他喜欢穿某品牌的皮鞋，专程从外地买来送给他。有的建筑商知道他酷爱古董，就不惜重金买来赠予。不管是真品、赝品，钱民生均囫囵吞枣，来者不拒。以致案发时，钱民生的房间里堆满了各式各样的“古董”。

一个公司的老总赵云“飞行”千里，只为能与钱民生共进晚餐，更是其中的“经典”。

L市市政公用局下属的燃气公司改制，河北某公司通过竞标，成功收购了燃气公司70%的股权。为了让燃气公司的直接领导钱民生日后多多关照，神通广大的赵云多方打听到钱民生正在北京出差，当天下午便飞到北京陪钱民生吃了一顿晚饭。这次异地聚餐的效果极佳，赵云的贴心让见惯了溜须拍马的钱民生心生感动，两人关系迅速升温。

让钱民生心生感动的事情何止这一宗，洞悉他心理的又何止赵云一人。

H风景区被评为国家级风景区，准备购置40辆旅游客车。为了这笔订单，某客车公司业务员叶飞“瞄”上了钱民生。几经接触，在取得了钱民生的信任后，叶飞赶到钱民生的办公室，奉上装有10万元现金的纸袋一只，钱民生未作拒绝。几天后，钱民生拍板决定从该公司购买客车35辆。

不过，钱民生也非一贯狮子大开口，非得10万元才拿。万把块的“小”财，他也是笑纳不误，甚至厚颜索取。

钱民生欲购一台电脑，区区一台电脑钱，他都不想自掏腰包，一通电话打给某公司项目经理范建，索要人民币1.5万元。范建岂敢得罪，赶紧凑上。“我们今后还要靠他吃饭，不敢得罪，他说要钱我只能赶紧凑给他！”案发后，范建如此解释自己凑钱的动机，而钱民生自己的说法，则只是轻描淡写的一句“想向他要而已”。一个“靠他吃饭”，一个“想向他要”，两种心态把他们权钱交换的关系诠释得淋漓尽致。

各路人马想方设法追逐钱民生手中的权力。位于L市的A酒店，成为行贿人如蝇逐臭的一个标记。

A酒店，两层楼的高度，门面并不起眼，可在钱民生受贿案件中却是个十分重要的地点。当年，该地是市建筑行业最重要的聚会场所。凡是找钱民生帮忙的，都得请他到A酒店来。在酒楼林立的L市，为何A酒店专美于前，个中自有奥妙。

A酒店的老板就是钱民生的亲弟弟钱大生。外人看来，手握大权的钱民生对自己的弟弟还真够意思，如此地照顾生意。实际上，他们兄弟俩是互惠互利。钱民生一来照顾了亲弟弟的生意，二来在此可以再“捞”一笔。

钱民生收受的大量烟酒被他拿到了A酒店销售，那些行贿者在请他吃饭时，还得再掏腰包，把自己之前送的财物高价买回去，用于吃饭时消费。钱民生赚了烟酒钱的“销售账”，还可再赚每年弟弟给他的酒店分红。

钱民生在A酒店里的消费，喝瓶酒就可以达到几千元，吃顿饭动辄上万元。就是这样贵得离谱，A酒店的生意仍然是出奇地好，前来吃饭都得预约。

这些人之所以心甘情愿来这里“挨宰”，就是为了能请钱民生出场吃个饭，拉拢一下关系，以便在他拥有的庞大权力中分到一杯羹。A酒店成为众多行贿人疯狂追逐七种权力时，画下的一个丑陋标记。

丑行的演出地，除了A酒店，还有钱民生的办公室、家中、常住的酒店包房，一个个权钱交易的片断纷纷上演，组成了一幅追逐权力的众生相。

七种权力下的蜕变，坠入腐败深渊

七种权力下，钱民生发生了巨变。他里外一身名牌，常年身着“金利来”白衬衫，脚蹬“Bally”高档皮鞋，喝酒最差是五粮液，出差外地只入住五星级酒店。他还给自己配了位专职秘书。

随之而来的，是他工作作风的转变，钱民生变得张扬跋扈。传闻机构改革将把几个单位合并为一个建设局后，许多相关部门的领导闻风而动，纷纷活动打探情况。钱民生在一次会上，当着众人的面毫不客气地说："你们别争，建设局这个局长肯定还是我的！"此话狂妄至极，令在座的与会者哗然。

最终，检察机关在查处一起副处级干部受贿案时，发现了一条关于钱民生涉嫌受贿的重要举报线索。内调外查，不仅使这一线索迅速得到证实，而且钱民生的其他大量罪行也浮出水面，钱民生受贿案最终水落石出。

L 市中级人民法院作出一审判决，认定钱民生受贿人民币 58.9 万余元，美金 500 元，港币 3000 元，非法所得 51.9 万余元，以受贿罪判处其有期徒刑 14 年，并处没收财产 30 万元。违法所得 50 多万元予以没收，上缴国库。

宣判之日，被告席上的钱民生仍然穿着白衬衫，只是神情黯然。

（文中涉案人物均为化名）

没有监管的权力是多么的可怕

钱民生受贿一案的查处在 L 市引起了巨大反响，人们开始深思：七种权力所带来的究竟是什么？

钱民生一再地违法办事，他领导的若干个单位怎会没人表示过异议呢？ L 市建设局一位领导道出了其中玄机，发人深省。

"对一把手的监管不力，是他得以随心所欲运用权力的祸根。"这位领导说，"上级对我们的工作过问，通常只是听一把手的汇报，下属单位也是以他的意见为准，这种机制让监督体系形同虚设。有些话讲了既然没用，还不如不讲。"

对钱民生这样的领导干部进行监督，主要依靠同级党委来实行，而钱民生党政“一把抓”，监督效果形同虚设。对领导层特别是“一把手”监督的无效，导致钱民生在无节制的欲望中走向了犯罪深渊。

身在看守所内的钱民生是这样认识自己的：“我的权力太大，没有制约。感谢检察机关抓了我，如果迟几年，不知道我还会变成什么样！”

曾集七种权力于一身的他，连自己都意识到，没有监管的权力是多么地可怕。

09

“资本大鳄”砸出8亿“黑洞”：金融腐败惊现监管盲区

导言

从20世纪80年代开始，我国进入了经济转轨期：从计划经济向社会主义市场经济转变。与此同时，我国的资本市场作为新生事物，也随着经济体制改革的进程逐步发展起来，并渐渐成为完善社会主义市场经济体制，优化国有经济结构的重要组成部分。

好风凭借力。中国资本市场的发展迫切需要一批专业人才为之服务。1977年恢复高考后的一批经济类专业大学生，顺应时代需要，走到了资本市场的前台。他们学习过西方资本运作的先进经验，把握了中国资本市场渐进的脉搏，体会着新生事物发展可能带来的阵痛，成为中国资本市场新一代探路人与开拓者。

以金融行家成功为首的一群“资本经营者”，为了满足自己的野心与贪欲，利用资本运作的平台，倚仗着专业知识背景，无视自身的职责，游离于法律和监管之外，在我国尚不成熟的资本市场，操作了一次次违规投资，在国有资产的肌体上烙下了损失8亿元的深深创伤。

一个野心家登上金融大舞台

1984年1月，以中国工商银行成立为标志的中国金融市场改革全面展开，随后的几年中，各种商业银行、储蓄银行、财务公司如雨后春笋般接连冒头。

资本市场以迅捷的脚步迈入人们的生活。

北京，某大学，一位校团委书记正默默地关注着金融市场的变化。他是成功，1962 年出生于一个干部家庭，1984 年财经专业本科毕业留校任教。

在成功眼里，随着经济改革的渐进，资本市场的时代已是山雨欲来风满楼，年轻的他做好了大展拳脚的准备。

1991 年，组建刚刚 3 年的 Z 实业银行招聘职员，成功毅然跳槽。凭借他担任经济学讲师积累下来的丰厚理论素养和平日里对经济形势的潜心研究，一年后，成功一跃成为 Z 银行总行营业部总经理，成为金融市场小有名气的人物。

1993 年，国家为抑制经济过热，开始逐步实行“金融分业”政策：商业银行被禁止涉足资本市场。野心勃勃的成功在 Z 实业银行实现资本运作的梦想破灭了。

随之，他很快寻觅到一个在资本市场展示自己的机会。可在这个舞台上，成功却扮演了一个极其丑陋的角色，并以意想不到的方式退场。

违规起步：种下祸根

成功听闻国家化工部发起组建 H 化工集团，并筹建该集团的财务公司。消息在业内飞快传播。

财务公司还在筹备，肯定缺少懂行的人！成功顿感眼前一亮：天助我也！他立即赶到 H 化工集团毛遂自荐。大学的经济讲师身份和 Z 银行总行营业部总经理的头衔，让 H 化工集团领导对成功平添几分好感，双方协商非常愉快。

可事情并不像成功预计得那么简单，H 化工集团领导坦言：组建财务公司，集团不会提供足够的资本金，需要自己想办法。

成功心想：财务公司是向集团公司提供金融服务的，只要创建起来，H 化工集团的资金就会源源而来，这个差事值得干。于是，他向领导明确表态：由他负责拉来股东筹集资本金。

这可是立下了军令状。为了尽快进入资本市场一展拳脚，成功充分运用了他的关系与能力。首先，他从某大学的历届毕业生中召集人手，拉来 30 多个在北京、上海等地金融界崭露头角的经济人才加盟助阵，各人再分头寻找资金。

然后，成功利用他在银行工作的便利，又拉来了不少股东。随即，H 化工集团正式把成功调来 H 财务公司任筹备组副组长，专事筹备工作。

在成功走马上任后不久，中国人民银行颁布《企业集团财务公司管理暂行办法》，着手对集团财务公司进行整顿，并限制批设新的财务公司。为了赶上末班车，成功整天忙得火烧火燎。时间紧促，资金缺口却很大。

成功动起了歪脑筋。他一方面想到了虚假注资，另一方面想到用 H 化工集团提供的资本金，发放贷款收取高息。

为了虚假注资，成功拉来了一个他在 Z 银行结识的客户——S 经贸公司的总经理贾涵做股东。贾涵不仅是一个经营化工生意的企业家，还是某市政协常委，在当地赫赫有名。贾涵答应了成功的请求，提供了 1000 万元资金，这笔钱在财务公司账户上一闪而过，审批结束就很快被撤走。贾涵如此爽快地垫付资金，完全是因为成功答应他可以在财务公司成立后向他提供贷款。这次相互勾结为以后两人违法犯罪拉开了序幕。

与此同时，成功又和某物业管理公司的董事长、总经理王克木勾结在了一起。在成功眼里，王克木可是个有钱人：他 20 世纪 80 年代就下海经商，属于最早开宝马车的一拨人。可实际上，王克木外强中干，无法答应成功提出的 1000 万元垫资的要求，成功为了凑齐股东，只好利用 H 化工集团下属公司的名义贷款给他入股。此后，王克木又找到成功要求贷款，并同意付出高息。在王克木奉上两块价值几十万元的“伯爵表”后，成功心动了，他想：又有利息拿又有便宜赚，何乐而不为？便在没有对王克木进行任何考察的情况下，短短半年间，私自贷款给他 5000 多万元。结果事与愿违，5000 多万元违法发放的贷款，王克木不仅没能付出高息，反而连本金都在期货市场上赔得一败涂地。

H 财务公司创立之初，成功就已经把资本经营者应有的素质抛到了脑后。

为了实现自己的私念，他迈出了危险的第一步，从此便坐在一个随时都会喷发的火山口上。

胡乱运作：损失惨重

在成功跌跌撞撞、东拼西凑拉来 21 家股东的虚假“政绩”面前，H 化工集团终于任命成功为 H 财务公司总经理。成功以账户上暂时足额的资本金，通过了审批。

H 财务公司成立后，成功违法操纵资金的面目暴露无遗。

王克木在北京炒期货亏了个底儿朝天。他再次厚着脸皮找成功借钱到郑州做期货买卖，妄想能咸鱼翻身。成功眼看前面违法发放的大笔贷款打了水漂，为了救他的同时也救自己，只得再次闭起眼睛，大笔一挥，将两笔汇款共 2700 万元直接挪用至郑州商品交易所，匆忙得甚至连贷款手续都来不及办。结果，这笔钱又是肉包子打狗有去无回，亏得一干二净。成功赶紧安排人员补办了贷款手续。

而另一个股东贾涵在 H 财务公司成立后，也闻风而动，打起了国有资产的主意。成功同样没有经过任何考察就违法发放给他贷款 6220 万元，由于贾涵经营不善，这笔贷款大部分打了水漂。而成功个人却在贾涵那里得到了实惠。

随后，贾涵向成功贷款 2000 万元，想与成功合作炒期货。成功在没有履行任何手续的情况下，大笔一挥，划给贾涵 2000 万元。然而，这次资本运作已不仅仅是王克木的简单翻版。成功想出了一个化解风险只赚不赔的高招：先将这笔 2000 万元的资金打给贾涵，如果赔了，就补办手续，由 H 化工集团来承担损失；如果赚了，就与 H 财务公司无关，直接放进自己腰包。

2000 万元的资金最终转入了某期货经济有限公司账户，成功直接指派人员负责操作。这笔资金炒期货运作结束后，获得了将近 1000 万元的巨额收益。成功便把利润款挂在贾涵的 S 经贸公司的往来账上，将其中的 300 万元汇到广东汕头。而后，贾涵在香港的公司将等值的289万元港币直接汇入成功在香港的私人账户。这次运作，成功小试牛刀，轻松赚得300万元巨款。

正在成功准备大规模进入资本市场，创建自己的财富帝国时，对他不利的消息再次传来。中国人民银行出台第355号文件，将财务公司明确定义为“为企业集团成员提供金融服务的非银行金融机构”。财务公司就此失去了进入证券市场的资质，成功的美梦将要落空。

要摆脱这种束缚，成功认为，自己得想办法在利用H化工集团资金时，跳出对H财务公司的业务限制。他谋划了“两步走”战略。

第一步，以提高效率、减少环节为由，向H化工集团董事会建议：除汇报财务状况、分红情况外，日常的经营活动不用向董事会汇报。得到同意后，他便将经营权、财权、人事权收于囊中，弱化了H化工集团对他的监管。整个H财务公司成了他一人说了算的独立王国，他成了国有公司的“私人老板”。

第二步，他以开展公司章程以外的业务为借口，由H财务公司出资设立了一批分公司，所有的分公司都由H财务公司统一管理，各个分公司的法人代表均由H财务公司中层干部挂名出任，所有债权、债务由财务公司承担。作为“一把手”，成功实际上包办了所有的经营活动。而这番操作也使他可以利用H财务公司的资金，以分公司的名义进入资本市场。

一切置办妥当后，成功准备挪用公款到境外进行更大的资本运作，牟取更大的利益。此时，他找来了好朋友周光明。

周光明，时年40多岁，某银团的董事长。周光明在金融界是个传奇人物，出身寒微却在资本市场呼风唤雨。他别样的发家史，与成功进入资本市场的初衷不谋而合：利用国有资产成就自己的事业。因此，当成功决定挪用公款在境外进行资本运作时，第一个想起的合作伙伴就是周光明。

周光明和他的情人李颖合伙搞的融资公司在香港某投资公司设有账户，在成功的要求下，该账户成了他在境外资本运作的私人账户，他也成为周、李二人唯一特别授权的独立运作人。

随后，成功开始在该账户内注资炒股，他安排 H 财务公司下属的分公司划了 5000 万元至深圳某证券公司，随后等值的 4500 多万元港币进入了香港某投资公司账户。

然而，野心并不等于本领，这笔资本运作以亏本告终。

成功又私自划拨 950 万美元到深圳某银行，在该银行，他私设了一个账户。同年 10 月 16 日，该笔款项从深圳划到了成功在香港某投资公司的账户上。

此后，在成功的一手操纵下，又陆续有几笔资金打到了香港某投资公司账户。这些资金全部都以亏本告终。成功疯狂地挪用公款搏击资本市场，不仅没有得到期望的利益，反而使亏损数额以几何级数递增。

几年里大笔大笔轻而易举的违规运作，使成功的胆子越来越大，庞大的国有资产成了他的皮夹。他的弟弟成业做生意需要钱，他随便一拨就是 100 万元。成业做电子门铃生意亏得见底后，成功竟然把电子门铃拉到 H 财务公司当福利发放。

H 财务公司的家底被糟蹋殆尽，然而，成功还不罢手，他就像一个输红了眼的赌徒，又想到引来新的资金进行资本运作。

此时，成功的好朋友周光明“帮”了他一把，成功又站上了一个更大的平台。这也意味着，更多的国有资产将遭遇灭顶之灾。

孤注一掷：疯狂挪用

经周光明介绍，成功认识了某基金会的部门主任张可颂。张可颂所工作的基金会靠着独特的汇集制度，拥有几十亿元的资金量。彼时，该基金会正在寻求投资回报率高的项目。这个情况吊起了成功的胃口，他迅速瞄准了这笔待字闺中的巨额资金。

成功向张可颂展开了攻势，他发现这个出生在东北的干部，性情豪爽，好交朋友，便隔三岔五宴请，带张可颂四处吃喝玩乐，出入各大高档消费场所。

张可颂出国考察，成功送上10万元。张可颂要换手机，他就接连送上两部。此外，成功还带着张可颂全家去澳大利亚玩了一圈，提供给张可颂免费使用的专车也从“桑塔纳”换成了“别克”。前前后后，成功以单位的名义，提供给张可颂的贿赂及服务折合人民币19万余元。

这种感情投资，很快便收到了成效。终于，成功见到了张可颂的顶头上司。当张可颂等人提出基金投资的回报率要达到10%，高出一般回报率好几个百分点时，成功竟然也同意了。他满脑子只想着赶紧把钱划过来救急，至于怎么回报那是另外一回事。于是，在迅速签下协议后，第一笔资金几千万元很快到账。

为了方便自己利用这笔巨资进行更为猖獗的资本违规运作，成功又在体制上做起了手脚。

成功成立了Y投资有限责任公司，该公司由H财务公司出资并独自承担投资风险，以另外7家公司为名义股东。这些股东公司都是H财务公司系统以外的公司，由此，成功彻彻底底摆脱了A财务公司的束缚，他的犯罪行为从此更加无所顾忌。

当张可颂提供的几亿元资金源源涌来时，成功松了一口气，他每年上交给H化工集团的利润轻轻松松就有了着落，H财务公司正常运营的钱也有了着落，他的大后方暂时稳定了。张可颂管理的基金成了他取之不尽的宝葫芦。

大笔国有资金的肆意运作，已经让成功练就了一颗麻木不仁的包天大胆。乃至为了一个情人，他就可以很随意地划出去9000万元。

某次，周光明请成功吃饭，成功于席间结识了杨小红。杨小红长得小巧玲珑，清秀可人，在社交圈、证券期货业颇有名气。杨小红认识成功后就向这个国有财务公司的老总大献殷勤。一来二往，成功很快就拜倒在杨小红的石榴裙下，成了她公开的情人。

杨小红想在上海炒股票和期货，向成功借钱。成功正想调派资金在上海炒作“B股票”，便慨然应允杨小红的要求。这一方面是感情投资，另一方面是万一东窗事发，给自己在上海留条后路。

成功分两次将6000万元汇给杨小红。成功挪用这笔钱时，直接填好汇款公司名称与账号，财务部门象征性地过了过手。直到案发后，杨小红才用一份虚假的合作关系协议补办了手续。

杨小红不费吹灰之力就得到了这笔巨款，一夜之间跻身富豪行列。6000万元巨款除几笔失败的投资外，基本上都被她挥霍了。她在上海有名的富人区，花1000万元购置和装修三层花园别墅，她拥有宝马、奔驰两辆豪华轿车，她挥霍无度、极尽豪奢，号称“上海第一富婆”。

几个月后，杨小红向成功报告，6000万元赔得差不多了。成功轻飘飘地回答：赔就赔了吧，把剩下的钱转到分公司账上就行了。于是，杨小红把剩下的1500万等值的股票转了过去。这一番折腾，亏了国家4500万元之巨。

杨小红又向成功提出要在上海成立自己的金融投资公司，要成功提供资本金。成功再次将3000万元打到上海分公司账上，然后将钱借给杨小红，并帮助其办理注册登记手续。随即，杨小红在上海注册成立了投资管理公司，也参与到成功后来在上海炒股的一系列违规操作上来。

在这期间，成功已知在资本市场无力回天，又挪用了1亿元到美国，与周光明等人合作注册了公司。他做好了外逃的准备。

穷途末路：定罪科刑

成功进入H财务公司的第六个年头，他以国有资产为赌注的资本运作也走到了尽头。国务院监事会在例行审计时，发现H财务公司财务上存在巨大漏洞，大量资金下落不明。

成功听到了风声，就在他从上海虹桥机场准备登机外逃的一刻，被早已布控的办案人员截获。

最终，检察机关如庖丁解牛般解开了成功腐败案如蛛网般复杂的脉络，使成功及其同伙对国有资产犯下的一系列罪行纤毫毕现。

起初，成功始终咬定他的一切运作都是正常投资行为，他对检察官骄横地说："我最多是指挥失误，给国家造成了经济损失，我的行为是资本运作，不是犯罪！"

此时，检察官手头的证据十分有限，要想从成功本人那里得到突破不可能，而沿着几笔大额资金流向开展的侦查也断了线。案件的侦破陷入了僵局。面对国有资产的巨额流失，检察官自觉责任重大、心急如焚。

检察机关协调精兵强将奔赴北京、上海、深圳、香港等地。随着H财务公司账目清查的进展，王克木进入了专案组的视线。检察官发现，成功划给王克木深圳公司的1200万元的手续是补办的。这笔资金就是突破口！

当王克木被抓获归案时，这个老江湖眯着眼睛，一个劲儿地说："我不知道，我什么都不知道！"可当检察官把补办的贷款手续摆在他面前时，他终于承认在送给成功两块"伯爵表"后，成功没有经过任何考察，就向他提供了贷款。这第一笔犯罪事实的认定成为检察官顺藤摸瓜的基础。

此后，上海方面的侦查取得了重大突破。通过审计，检察官在杨小红的账上发现了成功挪用给她的6000万元的痕迹。而杨小红自成功案发就躲到了香港，当她从香港回来探听风声时，被办案人员抓获。杨小红承认成功挪用了6000万元公款给她炒股，后来是在成功家属的要求下，才补办了手续。

随后，周光明在大连被抓获，成功借用周光明在香港账户利用公款炒股的犯罪行为，也浮出了水面。

至此，案情逐渐清晰。

在案件侦破的同时，检察机关面临着一个更为严峻的任务：如何为国家尽可能地挽回损失，如何尽一切可能追回赃款。

如果说在内地追赃，还可以得到各部门的协调配合，那么在香港追赃，则因体制、法律的不同受到极大限制，追赃更是困难重重。检察官确立了"刑事取证，民事追赃"的思路。

在有关部门的支持下，检察官赴香港取证。在香港廉政公署的配合下，检察官了解到成功在香港某投资公司炒股的账户上，还剩1000余万元人民币。但几番交涉，该公司不同意划转这笔余款。

检察官贯彻“民事追赃”的方针，决定千方百计克服困难，根据香港法律满足在该公司提取证券资金账户中资金的一切条件。

检察官随即做好成功的工作，由他写好授权书准备提取账户内的款项。谁知，该公司另一个股东李颖此时从美国发律师函给香港某投资公司，主张对账户内资金的运用权利。按照香港法律，如果打官司的话将会拖上三四年的时间。为了尽快挽损，专案组乘李颖回国探亲之际，做好了她的思想工作，并签署了授权书。最终，该账户内的110余万美元全部汇回。

在香港的追赃打了个漂亮仗后，内地的挽损工作也紧锣密鼓地开展起来。几经周折，杨小红归还了4500万元。

检察官乘胜追击，从王克木处追回2100多万元，股权800多万元。从贾涵处追回款项90万元，贾涵所在的S经贸公司向H财务公司转让了1490万元股权。

最终，检察机关通过各种途径为国家挽回经济损失2.8亿元。

J省高级人民法院终审判定：成功犯贪污罪，判处无期徒刑，剥夺政治权利终身，并处没收个人全部财产；犯挪用公款罪，判处无期徒刑，剥夺政治权利终身；犯违法发放贷款罪，判处有期徒刑10年，并处罚金15万元；犯单位行贿罪，判处有期徒刑2年。决定执行无期徒刑，剥夺政治权利终身，并处没收个人全部财产。

王克木犯挪用公款罪，判处有期徒刑7年。张可颂犯受贿罪，判处有期徒刑12年。成业犯挪用公款罪，判处有期徒刑2年，缓刑2年。

周光明、贾涵、杨小红等人均已另案处理。

该案宣判后，笔者在监狱见到了成功，他已没有了往日“资本大鳄”的神采，神色黯然。面对他的违法犯罪行为给国家造成的巨额损失，成功再次试图狡辩自己资本运作的本意，却始终无法为国有资产的巨大流失自圆其说，最后只是一个劲儿地说："这些损失已经无法追回了，我也很后悔！"

（文中涉案人物均为化名）

观察

加快构建法治中国，铲除"资本大鳄"生存土壤

人性与制度，是人类创造美好明天的主题，在人性与制度之间，我们坚信制度；在人性与法治之间，我们坚信法治。分析成功案件所产生的社会环境和历史背景，我们没有理由不加快建构法治中国的脚步。

成功腐败案的告破，充分体现了法律和法治进步的力量。事实上，在我国经济体制改革处于歧路口的 1992 年、1993 年及之后的数年中，利用"双轨制"和处于幼稚阶段的市场经济秩序鲸吞国家巨财的犯罪分子远不止成功一人，犯罪领域也不限于金融资本市场，此间的犯罪黑数到底有多大，我们不得而知。现在，我国经济体制改革的车轮已豪迈地进入成熟期，这些当初的经济改革之痛，套用一句流行的说法，就是权当为改革交了学费。

但成功一案依然有启迪我们思考的价值，他使我们看到了人性中恶的一面。人是由动物进化而来的，人性本恶和人性本善属于社会学家和哲学家讨论的问题，我们姑且别去碰它。但成功在搏击资本市场和攫取国家巨额资金过程中所表现出来的贪婪与疯狂，充分展示了人性中可怕的、恶的一面，充分说明人是自私的，或者说人在本质上是自私的。正因为人在本质上是自私的，我们才会提倡、弘扬和赞美人在社会活动中所表现出的挣脱本性、奉献社会的美好情愫和人文精神，这是人类文明进步的重要标志。

因为人的自私本性对社会具有巨大的破坏性，所以人类才会设法规范它。

就社会管理而言，人类迄今为止发明的最聪明和最有效的办法便是约定集体规范——制定法律和制度。

当前，我国经济体制改革已进入深水区，政府的职能转变已取得重大进步，以民营经济和私有经济为主体的经济形态呈现出前所未有的活力。因为企业是自己的，人的本性被赋予了极有价值的社会意义，成为造福社会的动力。

但我国经济体制改革仍有很长的路要走，在一些行业和部门，仍然存在着用行政手段管理经济活动的情况，官僚主义、长官意志和特权思想等便于放纵人性的体制和机制依然存在，建设社会主义法治国家，依法管理国家，用法律规范一切社会行为仍然是我们所企盼的美好未来。

10

副主任贪腐 680 万元“金蝉脱壳”：临时机构的腐败不临时

导言

一个临时机构里，有一位职务级别并不算高的副主任葛达根，竟然能在短短的 14 个月里以每日 1.6 万元的速度，疯狂截留贪污公款 680 余万元，然后事了拂衣去，过上了吃喝玩乐的逍遥生活，直到九年后才因一个尘封多年的账户而案发。

临时机构可以随时组建，但对临时机构的监管却不能随随便便。

一起贪腐案件引发调查疑云

提起“三电办”还得从 20 世纪 90 年代说起。当时国家用电紧张，实行计划用电，因此，用电单位需要购买用电指标，俗称“用电权”。B 市主管计划用电的部门就叫三电办公室（即计划用电、安全用电、节约用电），简称“三电办”。“三电办”在各区县设有相应的机构，而 M 区“三电办”的实权人物就是葛达根。

在 M 区，无论哪个单位想用电，都要通过这个掌管用电大权的葛主任。葛达根虽然职务不高，但却好交朋友、讲义气、出手大方，经常被人前呼后拥，众星捧月。

而最近葛达根进入人们的视线却是因为检察机关的介入。

M 区人民检察院立案查处了 B 宾馆有限公司董事长刘大强涉嫌贪污、挪用公款案，对刘大强掌控的所有账户进行全面清查。

在清理账户时，检察官发现了一个反常现象：根据注册资料显示，B 宾馆有限公司于 1996 年成立，但该公司在银行设立账户和财务建账时间却是 2000 年，也就是说，公司成立后三年多时间里竟然没有任何账务记载，这一反常现象引起了检察官的重视。

提审刘大强，其答复是“记不清了，可以问会计”。转而询问财务人员，得到的答案是：最初成立该公司，只是为了给公司外地员工解决 B 市户口（M 区有相关政策），因此，公司成立之后并没有进行任何实际经营活动，也就没有设立财务账和银行账户，直到 2000 年因业务发展需要，才开始使用这个公司进行经营。

财务人员的解释似乎很合理。

但具有丰富侦查经验的检察官并没有抹去心头的疑云，他们隐隐约约感觉到这里头还有问题。

存在两种可能——要么确如财务人员所说，没有其他账户；要么确有其他账户存在，但这个账户财务人员并不掌握，而是由刘大强或其比较信任的某个人掌握，但这个人还没有进入调查视线。

一张张大网撒了出去。

检察官兵分数路，将查询单迅速发往 M 区各家银行，进行了一次拉网式调查。

结果出乎所有检察官的预料，在 M 区所有银行，都没有发现 B 宾馆有限公司的任何账户信息。

一个可疑的账户暴露了多年隐秘

凭着职业敏感，检察官调取了 B 宾馆有限公司成立至刘大强案发近十年以来的财务账目。

B 宾馆是 M 区唯一一家四星级宾馆，业务往来众多，每个月的财务凭证就多达数十本，堆起来放了满满一屋子。

检察官白天外调取证，晚上全员查账。

时间一天一天过去，一个月，两个月，还是没有结果……

“有了！有了！”

功夫不负有心人。经过三个多月的努力，对B宾馆几百本账册、上千笔进出款项进行调查核实后，一名正在查账的检察官突然一拍桌子，兴奋地喊了起来。在浩如烟海的账目中，他们发现了一笔9000余元的进账款项来自B宾馆有限公司。

顺藤摸瓜，检察官终于在一家农业银行分理处找到了B宾馆有限公司曾开立过的一个废弃账户。

该账户实际上仅使用了短短一年多的时间，早就已经废弃不用了。但账户内资金往来频繁，数额巨大，进出资金近千万元。

为什么这个账户内有如此多的资金往来，财务人员却全然不知？为什么只使用了一年多的账户却要匆匆销户？究竟是谁在掌握着这个账户？莫非是刘大强自己掌控着这个账户？

一连串疑问无法解释。刘大强很可能是在有意隐瞒，他是不是还有其他重大经济犯罪嫌疑？

再次审讯刘大强，他声称自己不管财务，而且时间太久，实在记不清了。检察官立即调整方向，决定从资金的走向来破解这些谜团。

检察官在对账户分析后，发现该账户销户时，将两笔资金分别转往了C商贸公司和D燃料中心。

通过调取这两家公司的工商档案，检察官发现这两家公司的营业执照早已吊销，其法人代表均为一名张姓女子。检察官费尽周折，找到了这名女子，从其口中了解到：两家公司的实际经营人均为其舅舅葛达根，经营煤炭生意，只是借用张姓女子的身份开了公司。

检察官找到葛达根，要求其提供C商贸公司和D燃料中心的账目，并说明情况。

葛达根称因事过多年，对当时的情况回忆不起来了，并且由于经营不善，这两个公司早已倒闭或转给他人，账目也找不到了。另外，葛达根还告诉检察官，自己认识刘大强，在成立自己的公司前，曾经借用过 B 宾馆一个公司账户。当时他在做煤炭生意，自己成立公司后，就将借用的账户销户了。

这个结果，出乎检察官的预料。这次，刘大强也回忆起来了，称：“确实有这么回事，当时 B 宾馆公司账户没有用，借给了葛达根，就没有再管。”

至此，关于这个账户的情况已经全部查清了，检察官的所有疑问似乎都有了答案。

然而，一切才刚刚开始。

检察官貌似无意地与葛达根拉起了家常。谈话中，了解到葛达根曾是 M 区供电局职工，已下海经商，做煤炭生意。

葛达根为什么不用自己的身份开公司？那段时间 B 宾馆公司账户由葛达根掌控，他又是刚刚下海做生意，为什么资金进出数额如此巨大、频繁呢？葛达根经营的资金从哪里来？这里面会不会有经济犯罪？

新的疑点再次浮现。

检察官兵分三路。一路人马到相关部门调查葛达根在供电局的工作情况，另两路对 B 宾馆公司账户内的资金情况进行分析排查。

检察官发现：葛达根担任过 M 区“三电”办公室副主任，掌管用电权，此后辞职经商。在其经营使用 B 宾馆公司账户中，一笔 160 万元进账资金系某村用于购买“用电权”（即用电指标）的费用。

时隔九年，葛达根涉嫌重大经济犯罪的事实浮出水面。

多年腐败罪行，一朝水落石出

为防止葛达根外逃，检察官决定对他采取内紧外松、欲擒故纵的策略，暂时停止对葛达根的调查，给他一种“没事了”的感觉，秘密在他两处住房布下了天罗地网。与此同时，检察官请公安机关协助，对葛达根展开追捕。

某天凌晨三点，检察官在经过数个不眠之夜后，发现了潜回家中休息的葛达根。当日清晨，尚在睡梦中的葛达根被抓捕归案。

葛达根被抓获后，检察官迅即对其进行了讯问。自知罪孽深重，葛达根到案后一言不发。

检察官并没有急于出示证据，而是反复讲解宽严相济刑事政策，讲解法律对坦白自首和立功行为如何处理。此时的葛达根虽依然不语，但不自觉地轻轻叹了口气。

很快，葛达根开口了。但他说的不是自己的犯罪行为，而是大谈自己在供电局工作期间如何勤奋刻苦，转到“三电办”以后工作能力如何强，为 M 区争取到多少用电指标，做了多少贡献。一旦问到他是否有违法犯罪行为，他要么矢口否认，要么沉默不语。

检察官顺势而为，与葛达根谈起了他的工作经历、“三电办”的具体职能以及葛达根的“光辉业绩”。当葛达根谈到如何从“三电办”要来别人要不到的用电指标，帮助 M 区企业解决用电困难时，检察官意识到时机来了。

“你帮助某镇某村办理过用电指标吗？”检察官突然问。

“对！”没有反应过来的葛达根马上做了肯定的回答。

“没有我，他们当时就用不上电。”他还不忘吹嘘。

“他们用于购买用电指标的钱交到哪里了？”检察官紧接着追问。

葛达根这时候才突然反应过来，自己已经“入套”。

经过短暂的沉默，葛达根终于承认，这笔钱被他转到 B 宾馆公司账户，用于个人使用。

随后，检察官对 B 宾馆公司账户再次进行了全面调查，同时将葛达根任“三电办”副主任期间所有办理用电指标的单位一一进行了核查，发现了葛达根贪污 M 区某局、某银行等多家单位购买用电权钱款的犯罪事实。

面对检察官搜集的大量翔实的证据，葛达根无话可辩，如实供述了自己利用担任“三电办”副主任的职务便利，将有关单位购买用电权的款项予以截留后，存放在B宾馆账户内，并将收费票据予以销毁的全部犯罪事实。

检察官最终查明：葛达根在担任M区“三电办公室”副主任期间，利用负责M区计划用电的职权，多次采用收取用电单位购买用电权钱款不入账、销毁收款发票的手段，先后将M区七家单位用于购买用电权的款项共计人民币689万余元予以截留后侵吞，并将赃款全部用于个人经营或赌博、挥霍使用。

最终，法院以贪污罪判处葛达根死刑，缓期两年执行。

还原犯罪历程，腐败款挥霍一空

葛达根得到了应有的惩罚，但他所贪污的巨款却如泥牛入海。在案件的追赃过程中，检察机关经多方努力，最终也只挽回了21万元的损失。

葛达根所贪污的巨额公款，早已被他挥霍殆尽。他嗜好赌博，经常带着朋友们“转战”各个地下赌场，甚至组团去我国澳门特区、越南、菲律宾、新加坡、缅甸等多个国家和地区赌博，在著名的“东方公主”号、葡京赌场留下了他挥金如土、一掷千金的身影。几年下来，葛达根输掉了近300万元人民币，他也因此成为赌场上有名的“葛输光”。

葛达根还将很大一部分贪污款用于经商。他曾先后用贪污来的赃款进行煤炭经营、投资饭馆、开家具城，均因经营不善，赔了个精光，剩余的钱也被他吃喝玩乐挥霍一空，甚至最终沦落到借钱度日。

曾经手握M区用电大权的葛达根究竟是怎么沦落成“输光”“赔光”“挥霍光”的“三光主任”的呢？

M区三电办公室进行人事调整时，时年36岁的葛达根以供电局一个普通工人的身份被任命为副主任，“三电办”真正负责且懂业务的实际上只有葛达根一个人。更为重要的是，当上“三电办”副主任后，葛达根几乎垄断了整个M区各个单位的用电权。正是这种特殊的用电权力，为葛达根后来的贪污埋下了祸根。

上任之初，葛达根工作起来非常勤奋，但随着身份的变化，他的思想也悄悄发生了变化：葛达根开始变得好交朋友。交朋友原本没有错，关键在于交什么样的朋友。葛达根的朋友可谓三教九流无所不有，他的身边，也渐渐围拢起了一群社会闲散人员。成天被“大哥”“老大”地叫着，前呼后拥、众星捧月的感觉让葛达根感觉很舒坦。

这些人天天围着他，蹭吃蹭喝，不知不觉中，葛达根在这些人的带领和熏陶下，还迷上了赌博。虽说在供电局工作，并领着供电局、“三电办”双份奖金，葛达根收入已不算低了，但他每个月还是入不敷出。

这时，有人开始帮他出主意了：“大哥，做生意吧，做生意挣大钱，你认识人多，又都求着你，谁敢不买你面儿！你做生意肯定挣钱。”

“对啊，哪个发大财的不是做生意的。”葛达根眼前一亮。

说干就干，葛达根干起了当时正红火的煤炭生意。刚开始葛达根还真挣到了点钱，但这点钱根本无法满足他日常的挥霍开销。

“大哥，开饭店吧，饭店来钱快！”突然有一天，又有一小弟向葛达根“献计”。

开饭店可是实打实地需要大笔资金投入的啊，钱从哪儿来？

此时，急于挣钱的葛达根在自己掌握的“用电指标”上动起了心思。

根据 B 市人民政府的发文，需由投资建设的发电机组提供电力的单位，应通过集资方式取得用电指标。申请新增加用电的单位，均按每千瓦人民币 2000 元标准集资。但是，从某年 4 月 1 日起，集资办电的标准将由每千瓦人民币 2000 元调整为人民币 4000 元。赶在用电权价格提高之前，葛达根以 M 区用电紧张为名从市“三电办”购买了三千千瓦用电指标。

购买用电指标的钱是 M 区“三电办”出的，卖出了一部分指标后，买指标的成本也就收回了。“如果把剩下的指标卖出，钱不交‘三电办’，岂不是没人知道？”葛达根心想。

从此，葛达根工作更积极了，只要有办理用电指标的，他都坚持亲自接待，即使当时不在，也想办法赶回来。在短短14个月时间里，葛达根通过卖出用电指标，将680余万元统统装入了自己的腰包，平均每天贪污1.6万元。

葛达根用贪污来的钱先后开办了数家饭店、一个家具城，可是在朋友们的“帮助”下，饭店又一家家地倒闭了，家具城最终也不了了之。

赌博是葛达根贪污公款的另一项“用途”。可是，在赌场上，他却又是逢赌必输。最终，他堕落成了“赔光”“输光”“挥霍光”的“三光”主任。

（文中涉案人物均为化名）

观察

临时机构出现的腐败“不临时”

所谓临时机构，本是各地区各单位在阶段性工作或重大建设项目中，为提高效率、减少管理层次而专门设立的。然而，在工作快速推进的同时，如何监督临时机构已成为一大难题。因为是临时机构，干完活就走人，所以人员是从各单位抽调来的，监管上问题频发。监管者要么是分身乏术、无暇监管的政府部门分管领导；要么就是多家单位联合监管，谁都能管，谁都管不了，谁也不负责。因此，临时机构很容易脱离党委、政府及职能部门原有的监督制约机制，又游离在纪检监察、工商、税务、物价、审计等部门的监管视野之外。一些临时机构甚至在成立时，都没有按财务制度规定配齐财务人员。本案中葛达根作为临时机构负责人，“大笔一挥”，就有巨额资金流出，却不受任何监督，就是一个典型的例子。临时机构撤销后，人员各自回原单位，因此临时机构的一些工作人员抱有“临时意识”，在这种意识下，一些人就产生了“能捞一笔是一笔”的想法。因此，临时机构内职务犯罪高发的现象，事出有因。一些发达国家的一些经验可以为我们提供借鉴。这些发达国家也有临时机构，但其设置相当制度化：先是由有关部门、专家委员会提出专题报告，接着行政会议讨论，并明确划分其职权，形成制度，最后才能拍板设立。机构一成立，监督机构就介入其运行。

因此，要按组织规定走法定程序，对临时机构的工作任务、职责、撤销条件及期限等加以明确，对临时机构进行实时监管，并在其职责完成后及时清理，在解散前还要对整个临时机构和负责人进行经济责任审计。

当前，如何解决临时机构成为腐败“重灾区”的难题，可有两大对策：一是监督的权力交给某个部门、机构，甚至可以专门成立某个专司监管的部门，专门监督临时机构依法履职；二是对临时机构的工作任务、职责和工作人员制定严格的行为准则，从而使临时机构的管理实现程序化、制度化、规范化。

11

女出纳贪污 260 余万元拆迁款：遏制女性腐败不良趋势

导言

A 市风景秀丽，山水绕城，素有旅游胜地之美誉。在市委“旅游牵动”的整体发展思路下，近年来开展了大规模的公路建设。

为保障征地补偿政策得到落实，A 市专门成立了隶属于市政府的公路领导小组办公室、拆迁办公室、农路建设工程领导小组（以下简称工程领导小组）等临时机构，专门负责补偿款的发放。

每逢重大工程，总有腐败滋生。

女出纳紫燕通过伪造拆迁协议，大肆贪污 260 余万元，购置房产、名车，奢侈消费。

同样的拆迁补偿协议申报了两次补偿

A 市人民检察院受理了一起 B 村党支部书记涉嫌腐败的案件线索，通过对举报材料的分析，检察官发现该村与 A 市工程领导小组之间有大量的补偿款支付往来。

B 村近年来的收入大部分源于征地补偿，拨付征地补偿款的正是工程领导小组。

检察官以核实拨付款为由，进入工程领导小组进行调查，发现仅修建一条

7 公里长的道路就拨付了数千万元拆迁补偿款。

检察官将工程领导小组的财务账目以及拆迁补偿协议、拆迁补偿明细表借回，对数十本账册、上百份协议以及拆迁补偿明细表一一比对审查。异常情况出现：在以户名为 B 村潘某某、赵某某、徐某、郭某某四份协议支出拆迁补偿款 309696 元之后，工程领导小组竟然又以同样的户名、内容相同的拆迁补偿协议重复支出补偿款 309696 元。

这是怎么回事？有没有可能是重复申报补偿，骗取拆迁款？

检察官发现，两次支出 309696 元的补偿协议上均有工程领导小组办公室主任凌霄的签字批复，由办公室女出纳紫燕负责发放。

为何两次使用相同内容的协议、两次支出 309696 元呢？这笔钱到底用途是什么？钱到底被谁占有了呢？

凌霄、紫燕均有重大犯罪嫌疑。

此时，紫燕已到新西兰自费留学。如果缺少了她的证言，就不能认定此笔款项的实际经手人、实际占有人。

检察官调查了解到，紫燕在 A 市拥有一套二层楼房、一套别墅以及一辆价值 26 万余元的轿车。一个出身普通职工家庭，年仅 27 岁，参加工作才 4 年的年轻女孩，怎会有如此丰厚的家底？这些资产都是从哪儿来的？

综合分析各方情况，检察机关果断决定以涉嫌贪污罪对紫燕立案侦查。

声称有关键录音证据，实则欲盖弥彰

检察机关一方面通过航空部门查询紫燕的空乘记录，寻找她出入境的时间规律；另一方面利用各种侦查手段，随时监控紫燕的入境情况，并在她回国后最可能的落脚点做好缜密部署。

功夫不负有心人。

终于，检察官获取了紫燕回国的明确信息，第一时间将她在 A 市机场入境时抓获。

面对审讯，紫燕镇定自若，就30余万元的去向反复表示，自己是在工程领导小组办公室主任凌霄的授意下，复印空白协议，由凌霄签字审批后才将款项支出的，钱也全交给了凌霄。甚至，她连给钱的过程都描述得十分细致。而关于个人资产问题，紫燕声称是自己的情人吴某所赠。

此前，检察官从支出款项的协议上已发现凌霄的签名，而且与其他拆迁补偿款协议中凌霄的笔迹高度一致，因此，暂不能辨别紫燕所供事实的真伪。但凌霄身处关键岗位，没有确凿证据，不宜打草惊蛇。

此时，紫燕主动表示，她能够设法得到凌霄亲口承认批准30余万元款项的录音。检察机关果断对紫燕采取取保候审强制措施，并在暗中布控，防止她脱逃。

在此期间，紫燕几次交回她与凌霄的谈话录音。检察官在这几段录音中都发现了一个共同特点，即闲谈时凌霄的声音相当清晰，而每当谈及款项去向时，就会突然出现杂音，听不清楚任何内容。

为何每到凌霄是否承认得到该款的回答时，杂音就突然出现呢？难道仅仅是巧合？是不是紫燕欲盖弥彰？

承办检察官灵光一现：两份协议的户名、补偿项目、补偿数额相同、字迹相像，是否是有人私下复印了协议？而这个人很可能就是紫燕。

检察官将户名为潘某某的两份协议重叠在一起，对着强光仔细观察，发现两份协议包括签名，居然完全重合。这无疑给检察官疲惫的神经注入了新的动能：即使同一个人也不会两次签出笔画、字体结构一模一样的字。如果出现字迹完全重合的情况，只有一种可能，那就是复印。户名为徐某、郭某某、赵某某的协议中，同样也存在此种异常。

最终，经司法技术部门的技术鉴定，户名为潘某某、徐某、郭某某、赵某某的第二份协议，均系第一份协议复印生成。

检察机关当即将查证的重点进行了转移，继续请检察技术部门对已经调取的银行取款凭证中的签名字迹进行鉴定，发现大部分取款凭证中的签名并非由被拆迁户本人签署，而是由紫燕自行书写。

调查至此，凌霄的犯罪嫌疑被排除，唯一能操作此事的紫燕成为最大的嫌疑人。

录音在关键时刻杂音频出的原因也随之解开：紫燕根本不想让人听到关于凌霄是否收到此款的关键话语。她是在故意掩人耳目，试图掩盖真相。

随即，检察机关将紫燕的取保候审强制措施变更为刑事拘留。

贪污 260 余万元，女出纳实为女巨贪

检察机关在对紫燕的住处依法搜查时，发现了一个落满灰尘的纸箱，从中发现了大量短缺、挖补、修改的补偿协议和明细表。

这些残破不全的补偿协议、明细表是用来干吗的呢？

经过再次审核、查证，检察官又从工程领导小组的账目上发现了针对 10 余名被拆迁户的 6 笔共计 220 余万元的补偿款支出异常情况。经排查，这些补偿款领取人对补偿之事毫不知情，也从未领取过任何补偿款。而在以这些补偿人的名字开设的银行账户中，取款凭条上反映的全部是紫燕的个人信息。

原来，这些短缺、挖补的补偿协议、明细表，正是紫燕利用弄虚作假的手段，直接制作、挖补、拼凑后再复印的原始书证。通过伪造拆迁协议，她还涉嫌贪污公款 220 余万元。

随着审讯工作的持续进行，紫燕终于彻底、如实地交代了自己贪污 260 余万元，用于购买房产、汽车以及支付出国费用等各项支出。检察机关以紫燕涉嫌贪污罪提起公诉。

A 市中级人民法院认为：紫燕在受国家机关聘用期间，利用管理国有资金并负责向被拆迁户发放拆迁补偿款的职务便利，贪污公款，数额特别巨大，应

依法严惩，对紫燕作出了判处无期徒刑、剥夺政治权利终身、并处没收个人全部财产的判决。

（文中涉案人物均为化名）

 观察

“女性腐败”现象需重视

紫燕是一名女出纳，第一次作案时年仅 23 岁。

从涉案金额的变化情况来看，紫燕第一次作案时涉案金额仅为 5050 元，第二次为 90000 元，第三次为 55522 元，第四次为 349823 元，第五次为 549236 元……腐败金额节节攀升，令人步步惊心。

在越来越多的女性开始掌握公权力的同时，腐败也开始在女性阶层中滋生。受传统文化影响，很多人会认为女性在社会活动中处于弱势地位，谨小慎微成为大多数女性在人们心目中的“标签”。纪检监察机关对女性履职的监管也往往会陷入思维定式。

随着经济社会的发展，官员贪腐呈高发态势，女性阶层身处其中，也无法独善其身。

女性腐败有几个特点：第一，“爱美之心”“贪财之心”，生活追求攀比失衡，不惜花费重金沉溺于美容、首饰、名牌服装，同时爱好房产、豪车。第二，易受家庭关系影响，依靠“子女路线”“丈夫路线”，借助亲人关系变相腐败。第三，女性腐败中还会涉及两性问题，部分女性为了谋取利益不惜牺牲色相，出现以色谋权、以色谋利的现象。

而权色交易的隐蔽性和紧密性，导致监督部门查处难度加大，无形之中为

女性腐败提供了一道“保护伞”。种种情状，败坏社会风气，社会影响恶劣，成为潜伏的“腐败毒瘤”。

腐败不分年龄，不分职务大小，更不分性别。女性腐败问题的增多，表明权力运行机制存在漏洞，权力监督得不到有效保障。根治“女性腐败”，关键落脚点仍然在于如何制约权力。在保持对腐败的高压态势，对腐败分子“零容忍”的同时，还要不断完善监督机制，压缩权力寻租空间，堵住权力运行的漏洞。

一方面，要破除“女性胆小”的思维定式，在反腐监督中做到“无差别”对待。这既是权力监督机制的基本保障，也是政治生活中男女平等的根本要求。

另一方面，要根据“女性腐败”的特点，有针对性地对“权色交易”“美容腐败”“亲友路线”等腐败行为加大监督力度，破除女性贪腐的“特殊化”标签。针对女性生理及心理特点，开展职务犯罪心理预测，注意观察女性群体夫妻感情、消费方式、交友情况等重大变化，及早发现职务犯罪的苗头，积极进行心理干预。

反腐倡廉是全社会的共同责任，唯有扎紧权力监督的篱笆，铲除腐败生存空间，才能消除“女性腐败”的不良趋势。

12

清洁队队长贪污 230 余万元：小人物大腐败

导言

张自成曾是 A 市 B 区 C 地区的清洁队队长，负责化粪池清掏、垃圾清运、道路清扫等工作。一个普普通通的岗位，一个默默无闻的小人物，却能在长达十年的时间里，贪污公款 230 余万元。

一封举报信，引出清洁队里的“大蛀虫”

A 市 B 区人民检察院接到一封匿名举报信：“举报 C 地区清洁队队长张自成，将单位的垃圾费转移至 D 物业中心，装入自己的腰包，用这些钱买车、买官、嫖娼。”举报信里还列举出 12 家可能存在问题的业务单位的名称。

很快，检察机关查清张自成涉案账目 100 多笔、贪污 230 余万元。

一个小小的清洁队队长怎么能贪污公款 230 多万元呢?

这也正是该案的特殊之处。

C 地区清洁队是 A 市 B 区市政管理委员会下属的一家事业单位，主要负责 C 地区的化粪池清掏、垃圾清运、道路清扫等工作。清洁队业务员负责与 C 地区所在地的几十家业务单位签订《垃圾委托清运协议书》，并负责结款，清洁队队长张自成负责全面工作。

张自成，高中文化，早在 20 世纪 80 年代初期就在 C 地区物资回收公司做业务员。二十多年在基层摸爬滚打，练就了他吃苦耐劳、能说会道的本事。张自成之所以能当上清洁队队长，源于他在一次工作会议中的即兴发言有理有据，头头是道。C 地区某领导一下子记住了这个精通业务、条理清晰、思路开阔的业务员。在老队长退居二线后，上级单位自然想到了张自成。于是，47 岁的张自成当了官，被任命为 C 地区清洁队队长，行政级别科级。

张自成很能干，是清洁队工人眼里的“实干家”。张自成任队长后，清洁队每年的业务收入有 100 多万元，每年都能超额完成任务，效益连年增长。张自成长期吃住在单位，一年到头除了过春节回家几天，其余时间全都在清洁队里。为了节省开支，他和工人们利用休息时间上山捡石头，修建单位长廊；遇到油罐车车祸，他和工人们一同上现场，撒锯末、清扫，一干就到半夜；逢年过节他一准在单位值班，淘大粪、扫积雪从无怨言，工人们庆幸自己遇到了一个“好领导”。

然而，形势比人强。春风得意的张自成做事渐渐“霸道”起来。“凡是他看不上眼的人，一定会为难人家。有一个工人应该拿中级职称补助，但张自成一句‘他干活不行’，就给否了，不管这名工人找谁，张自成硬顶着就是不批。因此许多人开始讨好他。”清洁队的工人说。

张自成还很狡猾，习惯把黑的说成白的。曾有人向上级反映张自成有贪污行为。领导找他谈话，问：“你有没有从外面套取业务收入，你到底有没有小金库？”张自成坚定地说：“我没有，保证没有，是有人想整我。”

张自成的妻子曾举过一个例子，侧面印证了他的品性：“一天晚上开车路过张自成的单位，看见他一个人在马路边溜达，就给他打电话问他在哪儿，他睁着眼睛就说瞎话，‘队里的人生病住院，我在市里陪着呢’。”

张自成曾跟领导请假说，他在东北老家的大爷去世了，请假让司机陪他一起回老家处理后事。实际上，他是带着司机、两个狐朋狗友去海南鬼混去了。

张自成还很贪财，凡是从他手里过的钱都要“雁过拔毛”。张自成从做清洁队业务员时就开始套取垃圾业务费，任队长后除了侵吞垃圾业务费，还侵吞修车费、清洁设备采购费、单位绿化费、单位节日礼品费、餐费等，只要能沾到钱的地方，他都贪。

张自成家里有三辆车，车辆的保险、车船使用税、养路费等所有费用都以清洁队餐费的名义在单位报销，私家车加油也用单位的加油卡。连他们一家三口的手机费都以餐费的形式报销。张自成还养了四五条名犬，都放在单位后院里，用公家的钱喂养。

关键证人露头，揭开清洁队队长的“画皮”

检察官从举报信入手，揭开了张自成的“画皮”。

突破口就是举报信中提及的业务单位。

检察官通过排查，发现某化工公司的化粪池清掏、垃圾清运业务量大，便悄悄清查了近两年某化工公司的垃圾清运业务的相关账目。

一查果然查出了问题：某化工公司 2004 年、2005 年的化粪池清掏、垃圾清运费、道路清扫费共五笔业务均与 D 物业管理中心签了协议，共计 515969 元，但这些钱并没有进入 D 物业管理中心账户，而是分别进入 E 美食城、F 机电有限公司、G 商店三家完全不同的单位。

D 物业管理中心是什么单位？它与 C 地区清洁队究竟是什么关系？是谁把钱转入这三家单位的？这些钱究竟去了哪儿？

一系列的疑问困扰着检察官。

A 市 B 区检察院果断决定，立即兵分四路，对涉案单位同时进行调查。从当晚 8 时到 12 时，陆续有四名证人被带回了检察院，询问，查证，做笔录，至凌晨 1 点，眼前的迷雾拨开了。

四名重要证人都提到了一个叫“高尚”的人，E 美食城、F 机电有限公司、D 物业管理中心三家单位实际上均属于高尚一人。第四家单位——G 商店也是高尚托人找上门，用来套取现金的。

高尚是本案的关键人物。

检察官迅速将高尚带至检察院进行调查。高尚证实，这些单位都是为了给张自成套取现金设立的。其中，D 物业管理中心没做过一单业务，就是一家空壳公司。

比张自成小 14 岁的高尚，是张自成的死党，两人无话不说。用高尚的话说："我们两人一起长大，也最终一起进了监狱。"

20 世纪 80 年代，高尚在 B 区一家餐厅当厨师时，张自成经常去吃饭，一来二去就认识了。两个人有空就扎堆喝酒、吹牛，越走越近。因此，在"洗黑钱"时，张自成首先想到的就是高尚。于是，高尚开设北京 D 物业管理公司，帮助张自成将贪污款套现。

为了共同"致富"，张自成将高尚开的 E 美食城作为清洁队的定点招待饭店，所有的业务请客都在这里，每年的饭费都高达七八万元，大部分由清洁队用转账支票结算。

张自成到底"黑"了多少钱，经手人高尚最清楚不过了。即便是他也对张自成一肚子的不满，"吝啬"是高尚给出的评价。

高尚说，张自成吝啬到给他这个好哥们儿的钱也要"拧把水"。每次年终结账的时候，高尚不是要请张自成吃一顿，就是要买两条好烟孝敬一下，否则张自成就不会在付款通知书上签字。而没有张自成的签字，高尚的餐费就会遥遥无期地等下去。

高尚说，他开的饭店也是张自成家的"食堂"，他的家人、兄弟姐妹都在这里请客吃饭，一律签单，由清洁队支付。

调查至此，张自成涉嫌贪污罪已是板上钉钉，检察官直奔 C 地区清洁队，传唤张自成。

映入检察官眼帘的是清洁队大门上"热烈欢迎上级领导来我队指导工作、争创 A 市先进单位"的横幅，大院里井井有条，粉色的桃花、白色的海棠花挤满枝头，紫藤萝缠绕着大理石铺就的长廊，鱼池中红色的锦鲤若隐若现……这个令人心旷神怡的花园的“缔造者”——张自成，正端坐在队长办公室里，一副准备就绪的样子。

检察官亮明身份后，他的脸上流露出一丝惊慌，随即便恢复了正常。他怎么也没有想到，本来是迎接领导考察的日子，却迎来了自己的末路。

剖析犯罪脉络，查清贪污 230 余万元

在审讯室里，面对检察官的讯问，张自成巧舌如簧，“我套取现金是经过领导同意的，是为了单位花钱方便，花这些钱都是为单位拉客户。清扫行业竞争很激烈，为了拉客户经常需要请客吃饭、送礼，打到别的单位的钱都干这个了，我没往自己兜里装一分钱。”他还在检察官面前大讲自己如何为单位的建设呕心沥血，并多次获得各级先进工作者称号，他的成绩上上下下有目共睹，等等，俨然以大功臣自居。

检察官随即找到 C 地区清洁队的上级领导做笔录，领导明确表示，对张自成套取现金的事毫不知情。另外，从高尚处了解到，张自成为了讨好情妇，曾用公款带她出去旅游。不仅如此，张自成还给妻子买了辆“捷达”轿车，给女儿买了辆“宝来”轿车，而工资单显示张自成每个月的工资仅为 2000 元。

检察官把几份笔录放在桌子上，问道：“还要我们继续给你念念大家对这事是怎么说的吗？”张自成半天说不出话来，过了好一会儿，他低下头，用力抓扯头发。他已经乱了方寸。

“我是以 D 物业管理中心的名义签的协议，某化工公司的清洁业务收入没有入到清洁队的账上。”停顿了一下，张自成接着说：“让高尚套取现金，这件事是我自己决定的，并且只有业务员和我知道这事。但这些钱是给单位报销、客户回扣用的，完全是为了单位的利益。”

他抬起头来望着侦查员，情绪激动：“我是冤枉的，是有小人在整我！”

检察官审视着张自成，没有作声。

又思考了一小会儿，张自成低声承认：“这些钱现在由高尚用着，我手上有借条，藏在了一个地方。”

“走，马上带我们去拿！”检察官语气坚定。

警车很快到了清洁队，快要进院时，张自成说自己记错了，借条在家里。到了他家小区门口，他又说自己搞错了，应该在高尚的饭店里。就这样，一会儿往东，一会儿往西，张自成和检察官兜起了圈子，试图做最后的挣扎。

“我想见见家人。”张自成说。

“行。”警车再次开到了张自成家小区外。

此时，已到上班时间，他的家人走出家门，匆匆奔向各自的方向。看了一会儿，张自成转过头，重重叹了口气，要求将车开到清洁队，他终于交代，借条被埋在了清洁队后院的一棵丁香树下。

掀开丁香树下的石板，一个包裹在塑料袋里的笔记本呈现在眼前。笔记本里夹着 50 万元的借条，还有张自成套取部分业务收入的记录本。

这些关键证据对于剖析张自成的犯罪轨迹，起到至关重要的作用。

检察官最终查明：张自成在任 A 市 B 区 C 地区清洁队业务员、队长期间，利用职务便利，在 8 年多时间内，采用开“大头小尾”发票、假借 D 物业管理中心的名义开发票等手段，将某化工公司等十四家业务单位应付给 C 地区清洁队的垃圾清洁费 57 笔，共计人民币 191 万余元，在清洁队的账外套取现金，据为已有。

另通过侦查，查实张自成任队长期间在购买垃圾箱过程中多开、虚开发票金额侵吞公款 27 万余元；在购买材料过程中多开、虚开发票金额侵吞公款 11 万余元；在修理公车时多开、虚开修车费，侵吞公款 4 万余元。

锁定证据链，腐败案尘埃落定

在侦查阶段，张自成的陈述出尔反尔，很不稳定。提起公诉和审判阶段，他则全面否定自己曾做过的有罪供述，辩称所有套出来的现金都用于单位开销。检察官用翔实的证据链，锁定张自成在主观上具有非法占有的目的，驳斥了他的谎言。

第一，张自成行为具有秘密性。检察官多次找到清洁队的上级领导及清洁队工作人员核实，他们根本不知道清洁队有账外结款的情况，也不知道有账外“小金库”。

第二，检察官询问了C地区清洁队及上级领导，证实清洁队招待费实报实销，没有数额控制，每年清洁队的招待费都是十多万元，并有书证证实。另外，账目也记载，平时几百元、几千元的餐费都在清洁队的账上报销，包括洗浴、歌厅的发票，甚至连找来的假发票都曾在单位报销。从而批驳了张自成套取业务收入，为单位结算招待费的托词。

第三，在生活中找证据。检察官找到经常与张自成在一起的牌友，他们证实，张自成经常请他们去吃饭、洗澡、上歌厅。他们还问过张自成：“你经常请我们，这样合适吗？”张自成对他们说：“我们单位一年十多万元的招待费呢，如果花不完第二年就不给这么多了。”

第四，检察官在C地区市政会议记录里发现了这样的记载：张自成说，“清洁队的资金非常紧张，买垃圾箱要讨价还价，询价很烦人，钱都是清洁队从牙缝里挤出来的”。事实上，却是张自成在购买垃圾箱过程中，侵吞公款27万余元。

第五，张自成辩解套取现金是为单位花钱方便。事实却是：某年C地区财政没有给清洁队拨款，单位职工开不出工资，张自成与清洁队班子商量向高尚借12万元给职工发工资。一个月后，张自成用清洁队的支票还给了高尚。此后，清洁队买车，单位账上没钱，张自成私自决定由清洁队职工集资121000元。后因C地区市政部门追查此事，张自成从清洁队提出一张121000元的支票，在高尚的账户上换取现金，还给职工。在这些单位急需用钱的时候，为什么张自成不使用单位套取的现金，供单位使用呢？

最终，法院经审理认为，张自成身为国家工作人员，采用侵吞、骗取等手段非法占有公共财产，行为已构成贪污罪。张自成长期、多次侵吞公款，数额巨大，致使公共财产遭受巨额损失。法院以贪污罪判处张自成无期徒刑，并追缴其犯罪所得，发还B区C地区清洁队、B区C地区市政部门。

张自成腐败案终结后，主管单位成立了结算中心，统一进行结算，C地区清洁队也加强了财务审批，所有钱款的进出改为书记、队长“双签字”。

（文中涉案人物均为化名）

观察

“小人物大腐败”绝不是孤例

张自成贪污案在社会上曾引起广泛关注，曝光了小人物能够轻易利用职权谋取国家资财的现象。

张自成腐败案警醒我们，在惩治与预防职务犯罪工作中，不仅要加强对高官和“一把手”的监督，对小人物手中的权力一样要高度重视，要进行有效的监管、制约，真正将维护和保障国家利益放在第一位。

近些年，“打虎拍蝇”大快人心。但不可讳言，囿于可调配的反腐资源的有限性，反腐重点仍然着眼于“重大”二字，即案件涉及的人物重大、涉案金额重大，或是社会影响重大等类型的腐败案件，极易忽视张自成这样的“小硕鼠”。肌体内的一颗小毒瘤如不能及时发现并予以清除，同样会侵蚀肌体，并随着病毒的不断扩张、蔓延，酿成大祸。

小硕鼠、小毒瘤、“小官大贪”现象，在整个反腐倡廉的系统工程中不容忽视。“小硕鼠”制造“大腐败”，“大腐败”又进一步滋养“小硕鼠”，这种恶性循环的危害极大。

越是不引人注目的公职人员，越是贴近群众的基层官员，越是群众看得见摸得着的“官”，无论职位大小，无论所“贪”数额多与少，他们的贪污腐败行为越容易被群众发觉，就越容易导致政府公信力和官员信任度的降低。

张自成腐败案的查办与曝光对仍然心存侥幸的“小硕鼠”是一次意义深远的警醒，无论职位高低，无论金额大小，反腐利剑一样无情。

13

药商行贿 307 万元：曝光医疗腐败链

导言

王光明曾是一名结核病医生，转行做了药品代理商。四年多时间里，他用回扣开道，生意火爆，先后向多家疾病预防控制中心结核病防治所（以下简称结防所）负责人行贿，涉案金额高达 307 万余元，11 名干部被拉下马，其中有 6 名“一把手”。

药商王光明成为这起商业贿赂大案的主角。

追查匿名举报，关键行贿人浮出水面

A 市 B 区人民检察院收到匿名举报：B 区结防所所长郭大坤利用药品采购权，多年来一直非法收受药品回扣。

举报信内容简单，行贿人是谁、何种药品、如何给回扣都没有说明，线索看上去可查性不大。但检察官结合医药领域贿赂犯罪的形势和规律进行了深入分析，郭大坤身为医疗机构负责人，手中握有药品采购权，在药品回扣大行其道之时，这条线索必须重视。

检察官立即对郭大坤展开初查，全面调取了他名下的房产、车辆及银行存款信息。在对郭大坤的银行账户分析时，检察官发现在每月月初都有一笔现金存款到账，金额在几百元至数千元不等。获取全部交易凭证后发现，存款人均为“王光明”。

王光明何许人也？他为何给郭大坤存钱？

要查清这些问题，就必须调取B区结防所的药品采购记录，确定王光明是否为药品供应商。

药品采购记录调取后，检察官重点查看药品采购款支出去向，在支票领用登记本上，王光明的名字赫然在列，且支票付款时间与郭大坤的银行账户到款时间极为相近。

王光明向结防所销售药品过程中，给予郭大坤药品回扣的犯罪事实初见端倪。

检察官意识到，既然王光明会向郭大坤行贿，也极有可能向其他医疗单位的人员行贿，遂决定暂不接触被调查人，而以王光明为中心深入侦查，以点带面、深挖犯罪，确立了以王光明银行资金往来为主线的侦查思路。三个月的忙碌之后，一张行受贿犯罪网浮出水面。

王光明银行交易记录显示：自2007年以来，王光明每月向B区、C区、D区、E区结防所的五名工作人员以汇款、转账的方式行贿，累计金额达100余万元。检察官对所有资金往来制作了汇总表，将调取到的关键证据装订成册。

随后，药商王光明因涉嫌行贿罪被立案侦查。紧接着，B区结防所所长郭大坤、C区结防所所长韩耀、D区结防所所长郑军等人因涉嫌受贿罪被立案侦查。

获取关键证据，揭开药品回扣犯罪网

行贿人账外暗中给予回扣是犯罪行为，但在行贿人眼中却是业务拓展的重要环节。行贿人为了计算利润，防止重复或遗漏回扣，大多对其回扣行为进行了记录。此类证据一旦获得，将对案件的突破和进一步深挖犯罪起到决定性作用。检察官据此确定了“人”与“物”同时到案的抓捕方案，即在控制被调查人同时起获行贿记录，如纸质本册、电脑或移动存储设备等。

很快，A市检察院获得重要消息，王光明出现在某小区。检察官迅速连夜赶赴蹲守，至上午10时许，王光明与妻子马小红一同从小区内走出。检察官立即上前，出示工作证表明身份，让王光明到检察院协助调查，王光明同意配合工作，迅速把手中的棕色皮包递到了马小红手中，马小红转身就走。

这个动作引起了检察官的注意，王光明神色紧张，皮包内一定暗藏玄机。检察官当机立断，追上马小红说："王光明的随身物品现由我们保管，请你配合工作。"

皮包到了检察官的手上，王光明与妻子对视了一下，表情有些僵硬，跟着检察官上了车。

回到检察院后，一组检察官立即对王光明展开讯问，另一组检察官则对包内物品进行检查。

果然如检察官所料，在王光明包中的一个U盘里，发现了名为"结核丸资金流水账"的电子表格，打开一看，正是一份完整记录药品回扣的流水账，一笔笔行贿事实清晰呈现。

王光明到案后，自知其一旦"吐口"，将会把多人"拉下水"，最初的正面交锋，他态度强硬，对行贿行为避而不答。

检察官见其仍有一定的抵触情绪和畏罪心理，并未穷追不舍，而是有意绕开实质性问题。

检察官问："谈谈你的生意吧，就这么几年你家里又买车又买房，生意做得不错啊。"

这一话题打开了王光明的"话匣子"，他开始对自己的发家史"大谈特谈"，也向检察官倾诉了自己的坎坷，尤其是在生意上的艰辛付出。

在谈到药品销售行业的"潜规则"时，王光明说："干我们这行的，真是一点尊严没有，天天对那些医院的人点头哈腰，一个电话随叫随到，要不这么做人家根本不用你的药。"

检察官顺水推舟，质问："仅仅点头哈腰，随叫随到，他们就用你的药了？"

王光明沉默不语。

见时机已到，检察官话锋一转，问："你与他们的关系再近，也只是利益关系，现在事情暴露了，你以为你扛着，他们就没事了？"

“你现在应该想想你的家人，尤其是你的孩子。你只有如实交代罪行，争取宽大处理，才是对自己负责，对家人负责！”

检察官的话深深击中了王光明脆弱的内心。王光明沉沉地低下了头，不时发出长长的叹息。

检察官见时机成熟，王光明已有所动摇，便将掌握的大量证据连续出示，说道：“账目记得这么细致，这就是证明你行贿的最有力证据！”

王光明低声道：“我认了，我全说。”

王光明说，他原是一名结核病医生，从医院辞职后，曾在医疗器械公司工作，后来开始做医药代理，并挂靠在一家医药公司名下代理销售“结核丸”。

对于自己是否会被抓，王光明感觉“像中奖的概率，因为好多人都这么干”。

王光明说，2005 年他从国家药监局网站查询到了某品牌“结核丸”，便给厂家打电话联系代理，这种结核丸出厂价是 12 元 / 瓶，在 A 市市场的中标价（即采购价）为 57.4 元，医院零售价是 66 元 / 瓶。

王光明称，一般的药品推介达不到好的竞争效果，于是他开始给人回扣。

随着王光明心理防线的突破，一个个受贿人的面纱被逐一揭开，一张以王光明为中心点的药品回扣犯罪网浮出了水面。

在检察机关的整体部署下，总共 21 名涉案人员全部依法立案侦查，一一受到了法律的严惩。

A 市中级人民法院以王光明犯行贿罪、对单位行贿罪、对非国家工作人员行贿罪，数罪并罚，决定执行有期徒刑 15 年，并处罚金 10 万元。

行贿成行业“明规则”，腐败乱象堪忧

王光明说，直至案发，他销售的药品量达 30 万瓶。这意味着，短短 5 年间，他已从中挣到 522 万元。尽管这种涉案的药品曾多次上各省市药监局的“黑榜”，但丝毫不阻碍医生们开这种药物的热情与动力，受害的、为之埋单的，只能是

那些不知情的患者。

检察机关在调查取证时发现，有人认为王光明等人纯属“倒霉蛋”。无论是药商还是医务人员，都把给回扣、收回扣当成“正常往来”。

甚至，有的医药代理公司既不搞医疗投资，也不搞投资管理，专门“从事”商业贿赂。为什么会出现这样的公司？一位医药企业负责人对此直言不讳：大部分药厂仅凭自己的销售能力，药品是到不了医院的，不得不委托中间的代理公司去卖药，而这些代理公司工作的一个重要内容就是打通中间环节，包括定价部门、招标部门以及医院和医生，最终让代理药品进入处方。把这些灰色的事情交给灰色的团体去做是“行规”。当下，这样的代理公司有多少？隐藏的数字有可能是惊人的。

经过流通环节的层层加价后，暴利随即而来，愈演愈疯狂，谁也不能对此熟视无睹。利润高达成本价几十倍的一些药品，近日更是被媒体一一曝光，引起了新一轮的公愤。

但是，这些特殊的公司与职业都是为某种医药经济模式而服务的，如果不转变模式，王光明这样的药商抓得再多，恐怕都无济于事。因为，只要有足够的暴利可图，腐败群体依然可能前仆后继，奋不顾身，冒着可能踏进牢狱的高风险去从事这一行当。

为什么公众总吃贵药，多吃药，吃很多无效的药，“吃药”负担何其沉重？不是药企和医生的良心坏了，而是经济模式与监管模式决定一切。

本案中，王光明卖药不给回扣就难以在这个行业生存。而本案中一位已成阶下囚的医生甚至说“不知道这是犯罪”，因为“从当实习医生开始，我的老师就是这么做的”，回扣是医生再正常不过的“合法收入”，大家都这么做，他只是“随大流”而已。

承办检察官质疑：为何王光明和受贿医生的被抓是源于外部举报，而不是医药卫生监管部门事先发现？对于自己是否会被抓，王光明称“像中奖的概率，因为大家都这么干”，此话一方面揭示了医药领域的乱象，另一方面也印证了监管部门对医药领域内存在的腐败视而不见，或者监管不力，使得行贿的查处要依靠群众的举报。

检察官进一步质疑：药商为何总能靠行贿取得成功，药价竞标机制到底出了什么问题？王光明推销给医院的“结核丸”，通过给医生返利，最终以出厂价的近5倍售出。明眼人都知道其中蕴藏着暴利，为何药价竞标的重重环节竟不能阻止这款药品入选？药价竞标机制中的市场竞争原则哪里去了？

办案检察官发现，事实上，这种药价竞标机制被把持在个别负责人手上，参与程序审批把关的相关人员又成了利益均沾者，在通过潜规则获得返利后，彼此结成了利益同盟，使竞标程序成了摆设。

很显然，当务之急就是从监管上严格把关，一方面，要让药商行贿受到更严厉的惩罚，以儆效尤；另一方面，要从制度上完善对医疗机构、医生参与药品采购和药价制定的全环节监管。

而根本上，则需要从药价竞标机制上着手，用阳光化的运作激活这一机制，如公示药品出厂价、流通成本等，扩大民众参与监督的空间，使之真正成为遏制医药腐败的撒手锏。

（文中涉案人物均为化名）

观察

一、打击行受贿犯罪，反腐一视同仁

王光明在案发后直呼自己很冤枉：“我只是行贿，为什么判得比受贿还重？”这句话真要好好琢磨琢磨。

在行贿者看来，自己只是送钱的，却比收钱的判得重，有点不合常理。估计持这样看法的不仅是行贿者吧。但首先得弄明白的是：什么是常理？到底有没有他们头脑中的常理？这又让我们想起了一些贪官们的“叫冤”来：我受贿被判刑，但行贿的却没事。

如果把两者看作行贿在先、受贿在后，则是不对的。因为很多行受贿行为根本分不清谁“害”了谁。根据调查，有的是行贿者因为对方的索贿而不得不行贿，也有的受贿者是因为架不住行贿者频频的“金弹攻势”而收钱。

固然，在具体的案件中，行受贿行为的发生可以调查清楚，但作为对合型犯罪，行受贿行为应是一个整体，你中有我、我中有你，同时产生。所以，根本不存在什么所谓的“我只是行贿，为什么判得比受贿还重”“我受贿被判刑，为什么行贿的没事”这一谁该重谁该轻的“常理”。没事时，行、受贿两方可谓“双赢”，各取所需；出事时，便互相指责、互相揭底。所以行、受贿双方，都该在严厉打击之列，都该是反腐败斗争中同等重要的打击对象，一个也不能少。

医疗卫生领域关乎老百姓的生命安全，因此备受关注，但同时该领域也是各种腐败行为的相对集中区。本案中，行贿者刑期高于多名受贿者，具有非常强烈的信号意义。

在过去的司法实践中，行受贿行为并没有被同等对待，往往是受贿者获刑的多，而行贿者由于种种原因，常常被轻判或免于起诉，不但助长了行贿者的侥幸心理，而且无法从根本上斩断腐败的利益链条。只抓受贿者，由于行贿者还存在，他们为了追逐更多的利益、寻求更大的便利，依然会再次寻租权力，拉拢腐蚀其他官员，甚至变本加厉，巧立名目，更加隐蔽，更加狠毒，危害更加严重。党和国家领导人不止一次地在讲话中强调，要坚决惩治腐败和有效预防腐败，着力解决反腐倡廉建设中人民群众反映强烈的突出问题，严肃查办商业贿赂案件，加大对行贿行为的惩处力度，以党风廉政建设和反腐败斗争的新成效取信于民。因此，对行贿者加大惩治力度，让行贿者的刑期高于受贿者，不但体现了我党坚决惩治腐败的信心和决心，更是对行贿者的严正警告，那就是“多行不义必自毙”。

反腐败斗争是一项长期的、复杂的、艰巨的系统工程，只有起点没有终点，任何时候都不能松劲和懈怠。腐败不除，祸国殃民。尤其是民生领域的腐败行为，更加需要下大力气，用真功夫，坚决惩治、有效预防，才能让老百姓真正享受到改革发展的成果，真正过得舒心。王光明行贿获刑 15 年，刑期高于若干受贿人，这一反腐檄文，无疑给老百姓吃了一颗定心丸。

二、医疗腐败高发，折射医疗改革之“困”

据报道，我国每年医疗支出接近 7000 亿元，个人年均医疗费用的支出已由 1980 年的 14.51 元上涨到 2012 年的 879.4 元，其中“药价虚高”是让群众望医院而却步的重要因素之一，而药品集中招标采购又被认为是“药价虚高”的重要诱因。事实上，医疗卫生领域招投标制已是“重病缠身”。

近几年，对药品集中招标采购的争论从未停止，甚至出现了“要求国家考虑取消现行药品集中招标采购制度”的呼声。以省区市为单位的招标采购是药品价格虚高的主要根源。一些人大代表、政协委员曾在“两会”期间强烈呼吁取消药品政府招标采购，从源头上控制价格虚高。但最强烈的呼声主要来自一些企业，特别是部分经营性企业及行业协会。

从生产到流通环节，太多的灰色交易使药品购销位列商业贿赂的重灾区之一。药品价格居高不下、新药审批泛滥也让有关部门备受责难。更有甚者，还发生了集中招标“越招标，药价越高”，并使药价飙升十多倍这样的怪现象。在集中招标不能避免高价的同时，腐败同样不可避免。号称阳光、公开的医药招投标制度，为什么会藏污纳垢呢?

“最重要的原因在于，中标后还需要开展后续公关。”有药企人士坦言，由于药品集中招标采购没有明确具体采购数量或市场份额，即未形成真正的“合同”，造成医院和药企进行二次谈判。

“即使中了标，后期的公关费用仍然不能少，从分管领导一直到临床医生，都要打点，否则医院可能很快就不引进中标的低价药。”一名药商坦言，“再先进的电子商务，也管不住医生手中的笔。”同时，缺乏对医疗机构履约行为的制约，导致延迟支付货款的现象普遍存在，这也令许多企业相当头疼。“过去对医院的每个环节都有回扣，所以医院支付货款相当快，他先支付了，我们的回扣才能返回；现在没有回扣了，货款也迟迟收不到了。”

因此，对群众而言，药品集中招标解决了采购问题，或部分解决了零售价格问题，却解决不了医疗费用问题。虽然几年来零售价格降低明显，但由于缺乏医疗费用制约机制，临床过渡医疗、不合理用药却逐年严重，导致医疗费用上升、患者不满意。社会上也因此而对药品集中招标采购制度存有误解。同时，药企为了规避政府降价和药品集中招标，大量出现“变脸药”，导致部分传统常用药品有价无市；而“一药多名”现象的广泛存在，让“集中招标采购”的手续和工作量愈加烦琐。

有专家认为，药价虚高根本的原因在于：医院在药品购销中的强势地位及“以药养医”的体制没有改变，使得招标采购的初衷无法实现；同时，我国制药产业自身的缺陷，也催生了流通领域的商业腐败，客观上促使药价虚高。

也许 J 省 S 市的经验值得总结和借鉴。该市的政府采购敢于向药品采购“动手术”，并取得了突破性进展。从 2001 年年底起，S 市就将药品纳入 2002 年度政府采购目录。每年上、下半年分别对 18 大类和 5 大类药品进行集中招标采购。到 2004 年，S 市药品类政府采购达到了“两个百分百”，即百分之百的医疗机构的药品实行政府采购；除国家特殊管理的药品外，老百姓的基本医疗目录内的所有药品百分之百进行了政府采购。

药品纳入政府采购，得到最大实惠的是 S 市的老百姓，S 市通过政府采购的药品零售价格在全国处于低价位，明显低于周边城市。S 市在药品政府采购招标中还严格按照药品“通用名”招标，采取这一举措后，效果非常明显。可以说，老百姓看病负担减轻了许多。

S 市实行药品政府采购，供应商也不全是吃亏：政府采购不但给企业提供了一个公平的竞争舞台，而且为企业树立了良好的品牌形象，也不用担心资金回笼问题。

“将药品采购纳入政府采购范畴的做法值得商榷。”某大医院药剂科负责人却有不同看法。她认为，将医疗单位药品采购纳入政府采购范围实质上是剥夺了医疗单位的经营自主权，二者之间有着本质的区别：政府采购资金来源主要是政府财政性资金，而药品采购资金来源为医疗单位自行收入；政府采购的实体是享受国家财政拨款的社会公共管理机关，而药品采购的实体为医疗单位；政府采购不以营利为目的，是非商业性的，而药品采购活动是带有一定营利性的商业行为，医疗单位是药品流通领域的一个环节，是为了卖而买；政府采购受财政监督，以保证政府公用资金能够得到合理有效使用；而医院采购资金系医疗单位自有资金，接受本院监督。某些地方政府将药品采购纳入政府采购，是混淆了二者的概念，只是一味扩大政府采购范围；另一方面，则是由于各地缺乏合法的中介代理机构。

药品集中招投标工作的确取得了一定成效，但是也存在不少问题，需要进一步改进和完善。关键的一点在于，目前与医改密切相关的药品购销秩序的改革只能局部探索。未来的医改究竟路在何方，折射出目前的医疗改革困局。

三、腐败成因复杂，医德建设缺位

药价畸高，腐败丛生，除了一系列体制、机制的弊病以外，还有医生群体自身的原因。

近年来，医德滑坡，回扣风猖獗，影响恶劣。有些医院医务工作者巧立名目，向患者推销各类药品，从中谋取回扣和好处。有的甚至还把国家非营利性的医疗单位，以各种各样的理由承包给非法经营者。显然，他们是无视国家法律法规，利令智昏。

患者到医院去常会带回一些莫名其妙的药。看上去它们跟自己的病有关，可这种药吃来吃去病情不见好转。这又是为什么？其实原因很简单，有些医务工作者为了获取回扣有目的性地开药。

药厂要推销药品，医生要增加收入，两者一拍即合，一个不惜以金钱作诱饵，一个以医生的良知作代价，双方都把患者的病痛弃之不顾。

医疗回扣可以说是医疗腐败中传染性非常强的疾病。各个医药厂家为了生存，开始了一场没有硝烟的“推销”大战。

为让自家的医疗设备和药品打进医院，很多厂家基本都要“支付”一定比例的“开支”。资金雄厚的厂家往往以考察、培训为名，组织、邀请医院有关负责人和医生出国旅游，或给他们定期报销数额可观的消费开支；大量的中小药厂则干脆用支付现金、赠送实物礼品等手段，直接给医务人员“做工作”。

据了解，导致现在药价虚高的症结就在一道道中间环节的层层剥削之中。为了打出品牌，厂家最先选择的就是大量投资各种类型的广告。

就这样，包括广告费和回扣费在内的所有费用都统统被计入医药商品中。

然而，对病人和消费者来说，没有哪种商品比药品更特殊了：一旦患病，患者就得用药，不管你是否同意，用什么药，决定权不在患者，而在医生；对于药品价格，患者也没有讨价还价的余地，更没有货比三家的选择权。在这样的信息不对称中，患者只有挨宰的份儿，而药品价格虚高，也就更加天马行空了。

医药代表给回扣的目的是通过给大夫一些钱，让大夫多开药。一种情况是，病人可用可不用的药拼命开，增加药品销售量；另一种情况是，病人明明可以少用药，医生偏要多用药。

当我们看到这些医疗界的丑恶现象时，千万不要认为，这就是中国医疗界的全貌。

2002 年 5 月，北京积水潭医院手外科主任医师韦加宁医生，被人事部、卫生部授予了白求恩奖章。在 42 年的行医生涯中，韦加宁医生潜心钻研业务，成功地实施了各类手术 5 万多例，使数万病人重新恢复了手部的功能。但他却未收过任何“红包”以及“回扣”。

当坐在轮椅上、尚在重病中的韦加宁教授接受我国卫生行业的最高荣誉奖——白求恩奖章时，他说：“我只是一名普普通通的医生，做了我该做的事情，现在国家给了我这么高的荣誉，让我感到很不安。今后我一定会用很有限的时间去完成我还没有完成的工作。”

14

“索命的”人血白蛋白：救命药背后的渎职黑手

导言

人血白蛋白是一种从健康人体血液中提炼加工而成的药品，通过静脉注射到体内，增加病人血容量、解毒、提供营养供给，也是用于临床急救的特殊药品，被称为“生命制品”“救命药”。

N 市发生了令人震惊的销售假人血白蛋白案件，499 瓶假人血白蛋白流入市场，涉案金额近百万，造成 2 人重伤、3 人死亡、4 人出现不良反应。

“救命药”怎会变成“索命药”？！

检察机关重拳出击，不仅清算了销售假药的 20 名犯罪人，还连根拔出了假药贩子背后的“保护伞”。

上篇：假人血白蛋白“生态链”

夺命假药

N 市 T 区连续发生 4 起病人在输注人血白蛋白后反应异常的事件，均表现为寒战、高热继而休克，其中一人已死亡。

死亡的一人是家住 T 区 J 镇的邱大爷。

72 岁的邱大爷因肿瘤中晚期一直在接受治疗。1 月 15 日，邱大爷购买了一瓶 10 克装的人血白蛋白，以提高自身免疫力。来到 T 区某医院输入后，邱大爷突然出现寒战、高热，继而胸闷气促，短时间内就发生休克，经医院抢救无效后死亡。

经医院检验，邱大爷所输注的人血白蛋白是假药，含有表皮葡萄球菌和短小芽孢杆菌，严重破坏身体机能，直接导致其死亡。

此时，与 T 区相邻县市又有噩耗陆续传来：又有一人输注人血白蛋白后死亡，多人出现休克症状。

接到报告的 T 区药监局震惊了！该案迅速移送公安机关，成立专案组展开全力侦查。

事关百姓的生命健康安全，犯罪分子罪恶滔天！

T 区人民检察院当即提前介入、引导侦查。

检察机关、公安机关紧抓邱大爷离奇死亡这一线索，从其购买的人血白蛋白入手深入侦查。

邱大爷的人血白蛋白是从如皋医药公司业务员李向阳手上买来的。

一个盘根错节的假药网络就此浮出了水面。

销售网络

现年 38 岁的李向阳，小学文化，16 岁开始做车床工，三十出头开始在医药公司做业务员，此后一直为 R 县医药公司供货。

李向阳的假人血白蛋白是从哪儿来的？他为什么要这么做？

某年 9 月中旬，李向阳结识了在 R 县开私人诊所的女老板佘永红。李向阳想拉客户，便常找佘永红闲扯，一次聊到市面上什么药品最紧俏，两人不约而同提到了人血白蛋白。

近年来，由于血浆供应不足，导致生产人血白蛋白的原料匮乏，因此，一瓶人血白蛋白售价至少四五百元，高的时候甚至七八百元。在T区，小医院最多只有两三瓶人血白蛋白备做急用。医药公司都知道这买卖赚钱，可就是苦于手中无货。

让李向阳吃惊的是，佘永红竟说她手上有货，只要想要，随时都有。李向阳将信将疑。

事隔半月，如皋一家私人诊所的毛老板找到李向阳，求购人血白蛋白。放着生意不做多亏心啊！李向阳就试着找了佘永红。

没想到佘永红那儿还真有货，一下子就给了李向阳20瓶10克装人血白蛋白。

搞了多年药品买卖，李向阳一验货就知道，佘永红提供的人血白蛋白是假的。一来，价格太低，他卖过5克装人血白蛋白，一瓶进价就215元，10克装的价格更要翻个儿，怎么佘永红的货才卖265元？成本都不够。二来，佘永红的货标识为“上海莱士血制品有限公司”生产的“安普莱士牌”，可根本没有发票和合格证质检报告，甚至连内外包装、批号都不一致，假得离谱。三来，10克装人血白蛋白市面上都断货了，她哪儿来那么多，还一个劲儿说要多少给多少！

李向阳发现了问题，却在心里拐了个弯儿，药是从佘永红这儿买的，出了问题是她的，自己可以说不知情。再说了，药这么便宜，自己倒手卖卖，钞票来得舒舒服服。

于是，李向阳数了5300元给佘永红，购买了20瓶假人血白蛋白，转手就每瓶加价100元卖给了毛老板。

第一次轻松得手让李向阳尝到了甜头，此后，他利用自己多年做医药销售的网络，将假药大批量卖给同行。

一时之间，李向阳那儿有人血白蛋白的消息传开了，药贩子纷至沓来。

小学文化的李向阳都知道佘永红手上的人血白蛋白是假的，其他人常年做药品生意，自然也都心知肚明。可是假药带来的暴利淹没了他们的人性和良知，他们全然不顾病人的死活，铤而走险。

甚至，为了顺利卖出假药，不引起消费者的怀疑，李向阳还煞有介事地伪造了《生物制品批签发合格证》《成品检验报告单》，并找人刻了章盖上去，哪个药贩子需要，李向阳就一纸传真过去。假的人血白蛋白竟然有了“合法”的身份。

李向阳先后花了18万元从佘永红处购买假人血白蛋白499瓶，销售给北京某医药有限公司业务员冒志祥、T区某医院药剂科科长夏美云，冒志祥、夏美云销售给如东县个体药贩陆卫华，陆卫华又销售给N市某医药有限公司经理张洪新……层层加价，交叉销售。

如此这般，N市很快形成了蛛网般密集的销售网络，假人血白蛋白如水银泻地般流至各个角落。

最后，每瓶假人血白蛋白以七八百元的高价，落到了眼巴巴指着这药救命的邱大爷等病人手中，直至酿成惨祸。

假药源头

李向阳钩织了一张密匝匝的销售网，可假人血白蛋白的出处究竟是哪儿？它究竟是什么成分，怎么炮制出来的呢？

李向阳的货源是佘永红。

顺藤摸瓜，佘永红以每瓶180元的价格从R县的药贩子高彪手上进货，高彪则以每瓶26—30元的低价从安徽亳州假药贩子赵玉侠手上购买。

赵玉侠、高彪、佘永红还都只是二道贩子，他们的上线，这些假药的源头，是安徽省亳州市的女药贩子申东兰！

申东兰究竟是何方神圣？她怎会拥有数量如此巨大的假药？

申东兰现年48岁，一直以倒卖药品为生。申东兰所在医药公司倒闭了，就开始四处打打零工。她发现市面的人血白蛋白紧缺，一瓶10克人血白蛋白卖到了近800元。

此时，已有些药贩子蠢蠢欲动，用蜂胶和蒸馏水勾兑成假药小范围兜售。

申东兰卖过药，她知道正品的人血白蛋白进货价格很高，而且只能由官方销售，私人根本进不到货。可假药就不同了，不仅成本极低，而且进货价极低。

申东兰心想，这蜂胶、蒸馏水又吃不死人，输注点到血管里怕什么！这一倒腾就是钱啊！

申东兰开始在蚌埠、亳州周边转悠，从一些药贩子手中收购了一批假人血白蛋白，每瓶进价才 5 元。

申东兰和赵玉侠同为药贩子，平时关系就很好。有这好事儿，她自然不忘了朋友。

于是，申东兰以每瓶 15—19 元的价格，销售给赵玉侠 814 瓶假人血白蛋白。

此外，申东兰还以每瓶 5 元的价格卖出 285 瓶假狂犬疫苗给赵玉侠。仍然通过李向阳的网络流入 N 市各个地区。

T 区人民检察院以涉嫌销售假药罪对李向阳、冒志祥、佘永红、申东兰等 24 人批准逮捕。在蚌埠、亳州地区生产、制造假人血白蛋白的犯罪分子已被另案处理。

至此，这起震惊全国的贩卖假人血白蛋白案告破。

下篇：假药案背后的渎职黑手

稽查大队大队长露头

在一批假药贩子落网后，检察官却未感轻松，疑问始终挥之不去：药品监督管理部门的监督检查是确保药品质量的重要环节，国家食品药品监督管理局早就对假人血白蛋白进行了专项整治，年底又对食品药品进行了专项检查，在这样的大背景下，这么多假药流入市场，怎能逃过药品监督检查这一关呢？

假药贩子背后，是不是有把保护伞？这里头是不是还隐藏着职务犯罪？

为避免打草惊蛇，T 区人民检察院列出讯问提纲，在提审李向阳等犯罪嫌疑人时，同步搜索渎职犯罪信息。

检察官在 20 余名犯罪嫌疑人的数百本卷宗材料中发现，李向阳、佘永红曾因销售假药被 R 县药监局处理过，此后就没有了下文。

检察官调查到，当时负责处理此事的是 R 县药监局稽查科科长兼稽查大队队长王军。他没有将线索移送公安机关，仅拟作行政处罚。

王军是否清楚李向阳等人卖的就是假药？是否清楚他们所卖的假药已致人死亡？如果王军明知李向阳等人涉嫌犯罪而不作为，就是渎职。

鉴于此案涉及 R 县药监局，T 区检察院在第一时间将案件情况汇报 N 市检察院。N 市检察院迅速启动了侦查一体化办案模式，将此案交由 T 区检察院查办。

检察官迅速提审佘永红、李向阳，他们承认曾通过亲戚向 R 县药监局打过招呼。

检察官调取了相关人员的通话记录。记录表明，某年 12 月，王军和佘永红、李向阳的亲戚通话频繁，时间较长。

检察官找到了佘永红、李向阳的亲戚求证，他们为了帮两人逃脱罪责，托人打过人情招呼，并给王军送烟、酒等物。

保护伞露出了头。

清算渎职腐败

42 岁的王军是中医学院中药系本科毕业的正宗科班生，从 R 县药品检验所检验员干起，直至走上药监局稽查科长的岗位。从王军的履历来看，他是个精通药监业务的行家。

当王军得知检察机关正在深入调查时，成天惶惶不可终日，曾几次跑到 R 县公安局，要求立即对李向阳销售假药案进行查处。R 县公安局回复现在为时已晚，已由 T 区公安局办理此案。王军听后，浑身瑟瑟发抖。

他的反常表现落在了检察官的眼里。

当检察官出现在王军办公室时，他一声长叹，拳头重重往办公桌上一砸：“这碗饭我再也吃不成了！”

可惜，悔之已晚。

王军到案后，妄图避重就轻。

检察官将药监局的“五不放过”工作原则与他的作为一一对照。

国家药监局的“五不放过”原则是：假劣药品来源、去向不查清不放过；涉案单位、责任人不查清不放过；案件产生的原因不分析透不放过；涉案人员未得到应有的惩处不放过；防范措施不落实不放过。

这五条，王军一条都没有做到。他精通药监业务，深知已无路可逃，和盘托出了渎职犯罪的详情。

R 县病人毛继东使用了自购的人血白蛋白后病情加重，不久死亡。

毛继东家属当即向 R 县药监局举报。王军受理举报后，将毛继东所购的人血白蛋白送至上海市莱士血液制品股份有限公司质量保证部，经鉴定，成分是蜂胶、蒸馏水，完全是假药，根本不是该厂出品。

王军找来假药供应商李向阳、佘永红等人质询，两人承认曾卖给毛继东 20 瓶假人血白蛋白。

根据当时《刑法》第 141 条的规定，生产、销售假药罪，是指生产者、销售者违反国家药品管理法规，生产、销售假药，足以危害人体健康的行为。王军清楚李向阳、佘永红的犯罪行为已经涉嫌销售假药罪，应当移送公安机关查处。

李向阳、佘永红知道罪行败露，四处托亲戚向王军打招呼、求情，并送了烟、酒等礼品给王军。

熟人来找，卖个面子吧！王军的这一个闪念，让自己的人生拐了个弯。

王军最终将“五不放过”丢至了脑后，仅是简单制作了调查终结报告：无证经营假药，拟对李向阳、佘永红各行政处罚 4 万元，报 R 县药监局备案。

而此时，李向阳的家中还有上百瓶假人血白蛋白。如果当时王军履行职责，追查假药源头，这起假药大案就可提前 1 个月告破，邱大爷不会丢了性命，更多的病人也能免遭伤害。

可正是由于王军的放纵，李向阳等人又继续将假人血白蛋白销往其他地区。

T 区人民检察院以王军涉嫌放纵制售伪劣商品罪对其批准逮捕，并追查到了王军涉嫌收受贿赂 3.1 万元的犯罪事实。

最终结局

李向阳等 20 名犯罪嫌疑人涉嫌销售假药罪开庭。面对 14 名律师组成的强大辩护团，公诉人沉着冷静，用翔实的证据有力地指证了犯罪。

——辩护人提出李向阳发现假人血白蛋白出现质量问题后，曾主动追回已销售的假药，还曾经主动丢弃、销毁未销售的假狂犬病疫苗，积极主动防止危害后果的继续发生。该行为属于犯罪中止，应当减轻对李向阳的处罚。

公诉人认为，销售假药罪属危险犯罪，一旦实施该犯罪行为，销售假药罪即宣告构成，李向阳主动追回、销毁假药的行为不属于犯罪中止。

——陆卫华的辩护人提出假人血白蛋白本身就是假冒药品，假药上标注的批号也是假冒，无规律可言。送去检验的假药与病人使用的假药不能认为是同一品质，认定造成严重后果，证据不足。

公诉人指出，虽然多起死亡、重伤病例发生后，造成伤害的假药未能留样，但从搜集的证据足可以证明是同一种类型的假药。标示均为“上海莱士血制品有限公司”生产的“安普莱士”牌 10 克装“人血白蛋白”，伪造批号均为 200701A002，有效期至 2012190，经检验都含有表皮葡萄球菌和短小芽孢杆菌。此类假药从申东兰到李向阳，是一条龙销售。多名受害人的症状一致，均为此类细菌对人体机能造成重大损害。因此，完全能形成证据链，证明致人伤害的假药就是同一批次的假人血白蛋白。

……

理越辩越明，法越说越透。T区人民法院最终全部采纳了检察机关的意见。

T区人民法院一审宣判，李向阳、冒志祥、陆卫华等20名犯罪人分别被以销售假药罪判处14年至1年3个月不等有期徒刑。

随后，T区人民法院一审判决王军犯放纵制售伪劣商品罪被判处有期徒刑2年6个月，犯受贿罪被判处有期徒刑1年6个月，合并执行有期徒刑3年6个月。

申东兰、赵玉侠、高彪、佘永红等人分别被追究刑责。

（文中人物均为化名）

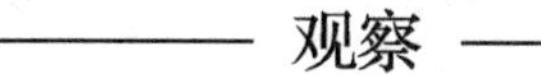

观察

剖析假药大案的四点成因

这起特大假药案令人深思，有四个方面需要关注。

第一，此案有个特点，犯罪人大都是医药公司业务员，个个有销售网络，因此形成合力，危害更大。

目前，医药公司对业务员没有具体准入标准，大都是不拿底薪，拿提成，谁有本事谁赚钱，素质良莠不齐。药品是特殊管制的商品，相关部门应当考虑对医药公司销售人员建立更为严格的准入标准。

第二，李向阳的假药很多都流向了乡镇私人诊所，可乡镇医生用药目录上根本就没有人血白蛋白。此案的发生暴露出卫生行政主管部门对乡镇诊所管理中的极大疏漏。

第三，药监局肩负的重要职责是对市面上所有流通的药品进行检验，可如此多的假人血白蛋白出现在市场上，竟然没有引起警觉，令人困惑。药品监管被动滞后，出了人命才亡羊补牢，教训惨痛，药监关口前移已刻不容缓。而王军虽然发现了假药，却又渎职失职，对假药查处他一人就说了算，完全没有监督，使得药监这道关口形同虚设，充分说明目前药监部门履职的监督制约不到位。应当建立分片问责制，如果在某个区域出现假药而没有及时处理，就应当追究责任。检察机关也应逐步建立和药监局相衔接的平台，监督应当移送司法机关的案件。

第四，本案发生之时，正值人血白蛋白供应紧张。病人盲目迷信药效，对市面上的药品又缺乏分辨能力，这对假药才趋之若鹜，也给了不法分子可乘之机。某省也曾发生过类似的案子，15 个犯罪人看到人血白蛋白紧俏，就用蒸馏水、淀粉勾兑，结果，慕名来买的病人层出不穷，涉案金额上百万元。由此可见，药品信息不对称，病人缺乏知情渠道，致使“病急乱投医”，也是此类案件发生的成因。

因此，必须对药品监管缺位、行业自律失效、法律意识淡薄、执法人员渎职四个方面，强化监管、加强监督。

15

破解医疗腐败“新格局”：医疗器械采购已成腐败重灾区

导言

近年来，国家关注民生力度持续加大，医疗卫生事业蓬勃发展，建立了国家基本药物制度、乡镇医保体系、农村新型合作医疗体系等，不断为人民群众夯实医疗基础，创新就医条件。

然而，由于医疗系统体制、机制、管理等诸多方面存在的痼疾，医疗腐败滋生蔓延，间接抬高了药价，使得“看病难、看病贵”难题犹在作恶。

医疗腐败在法律监督利剑下游走，痼疾未除，新的腐败滋生：受贿领域从药品采购向器械采购蔓延；犯罪主体逐渐由医院“一把手”、采购部门负责人向临床科室主任转变；受贿范围从个体受贿“升级”为单位受贿。

“以药养医”的旧体制未有改变，医院作为国有事业单位仍旧参与经营，医务人员待遇低导致寻租，管理部门面临监管困境——四大成因直接“促成”医疗腐败“新格局”。

医疗器械采购已成腐败“重灾区”

短短四个月内，X 市 Y 区检察院在医疗领域内，连续查办了 5 件 8 人腐败系列案：一个心脏固定器市价 2 万元，医生回扣就有 3800 元；全科大夫公然集体分享“回扣”；医疗器械进入医院前，采购部门二次议价，随意而为……

医疗腐败出现的新趋势、新动向、新特点，由此可见端倪。

某年3月，X市Y区人民检察院接连收到数封举报信：X市A医院心脏外科主任秦世杰收受医药代表回扣。其中，细节、金额十分具体，可信度极高。

X医药公司的创办人盛行首先进入检察官视线。

盛行的公司主营心脏固定器等医疗器械，近些年迅速暴富。他出手阔绰，平日对医护人员施以小恩小惠，人缘不错。

检察官发现，盛行基本上垄断了A医院心脏手术常用耗材的供应。而且，他与A医院心脏外科主任秦世杰过从甚密，经常一起吃饭、娱乐。

秦世杰极有可能与盛行有不正当的经济往来。

为防打草惊蛇，检察机关突然将盛行传唤至检察院。

盛行到案后，顾左右而言他，丝毫没有把行贿问题当成大事。“现在做医疗的，哪个平时不请医生吃饭娱乐，过节送点礼？”在他看来，这都是行业里的“规矩”，并不以为然。

检察官把掌握的证据向盛行一一展示，并严肃指出，他涉嫌行贿的数额已达到刑事处罚标准，盛行才意识到事情的严重性，心态发生了微妙的变化。

检察官追问：“某年10月8日，你是不是和秦世杰在某酒店一起吃饭？”

盛行顿时汗如雨下，心里直打鼓：“怎么连这个都知道了！”其实，在那一晚，盛行给了秦世杰一笔2万元的回扣。

秘密已被发现，盛行深感大势已去，只好“倒出”了自己的“营销秘籍”。

盛行坦言，秦世杰是自己的重要客户。为使自己代理的医疗器材进入A医院心脏外科，盛行先后给秦世杰回扣10余万元。

拔出萝卜带出泥。

B医院某科主任陈松（移送他院查处，因挪用公款罪、受贿罪被判处有期徒刑10年6个月）、C医院骨科主任田学东均因在引进、使用盛行代理的医疗耗材中染指回扣，进入检察机关的视线。

新趋势：医疗腐败从采购领域向业务科室蔓延

秦世杰因涉嫌受贿罪被立案侦查。

年届五旬的秦世杰，从医 20 余载，是全市有名的心外科专家，作为心脏外科主任，他不仅负责全科的行政管理、技术指导，更重要的是能提采购意见，即给本单位采购部门下达购买何种医疗耗材的指令。

秦世杰对“采购意见”如此解释：一是为了制约和防止采购环节发生的商业贿赂，二是考虑科室的专业性和患者的治疗效果。但他否认曾收受医药供应商的回扣：“我只有建议权，具体的采购还是采购部门负责。”

可当厚厚一摞 A 医院心脏外科历年耗材采购明细表和其银行账户上几笔大额存款记录摆在他面前时，秦世杰沉默半晌。

据秦世杰交代，他手中的“建议权”就代表着采购订单，决定着医药公司的财路。盛行就是紧盯着他的一个。

刚开始，盛行几次送钱都被秦世杰婉拒。可此后，盛行提出使用一个心脏固定器给他 3000 元回扣，这让秦世杰心动了——他甚至认为这就是“劳动创造财富”，羊毛出在羊身上。

心脏固定器是心脏搭桥术的常用器材，能将心脏从隐蔽处微抬，使心脏充分暴露，以便进行手术。

患者在 A 医院做心脏搭桥手术需支付心脏固定器 2 万元左右，回扣一般在 3000 元—4000 元不等，仅此一项就占患者支付费用的 15%—20%。

从此，秦世杰及其所在科室的大夫给患者做手术时，均开始采用盛行提供的心脏固定器。

因 X 市医保处开始禁止使用进口的一次性耗材，盛行便改换门庭，重新代理了某合资品牌的心脏固定器，并将回扣提升至 3800 元。秦世杰爽快答应。

一个合资心脏固定器回扣 3800 元、一个心脏瓣膜回扣 4000 元……盛行代理的心脏外科医疗器械在 A 医院畅通无阻。

至案发，秦世杰共使用盛行代理的心脏固定器 32 个，心脏瓣膜 20 个，前后 10 余次从盛行处拿到回扣 17 万余元。

秦世杰因犯受贿罪被法院判处有期徒刑 5 年，赃款全部收缴。

行贿人盛行在被诉前主动交代行贿行为，按法律规定被免于刑事处罚，其所在的 X 市 X 医药公司被判处罚金 10 万元。

承办检察官认为：随着检察机关对医疗领域腐败的打击力度越来越大，医疗采购部门的腐败得到了有效遏制。如今，许多医院的采购决定权已移交给了业务科室，这里成了医疗腐败新的“增长点”。

新特点：从个体受贿“升级”为科室集体受贿

秦世杰到案之时，Y 区检察院另一个工作组已着手从外围接触 C 医院骨科主任田学东。

要说头衔和知名度，现年 46 岁的田学东毫不逊色于秦世杰，案发前除任 C 医院骨科主任外，还是 X 市医学院兼职教授，硕士生导师，参与的新技术应用多次获奖。

就是这样一个学科带头人、高级知识分子，却深陷腐败泥潭，不能自拔。

据盛行供述，田学东唯一不同于秦世杰之处就是，此人从不“吃独食”，所有回扣全科大夫平分。

检察官分析，C 医院骨科全科有 8 名大夫，此案可能涉众，查处必须慎之又慎。

盛行检举的内容业务往来量不大，账簿已不存在，证据固定一时陷入困境。Y 区检察院决定从与 C 医院骨科有密切联系的医药公司找突破口，很快就锁定了 Y 医疗器械公司，厉广友被依法传唤至 Y 区检察院。

厉广友曾是 C 医院医生，于 2006 年辞职开办了 Y 医疗器械公司，主要经营四肢钢板、脊柱等内固定耗材。

厉广友与田学东早就相识，真正熟悉起来是从田学东当上骨科主任以后。那时，田学东分管三个病区，按照一个病区一年大概上千个病例计算，只要田学东点头，厉广友所代理的内固定耗材在C医院骨科一年的销售额就能达到上百万元。

靠着熟人熟面，厉广友很快打开了局面，其代理的产品在C医院骨科固定耗材的销售量迅速攀升，一家独大：销售金额从73万余元飙升至400多万元。

垄断的背后，必然是权钱交易。

田学东到案后，对全科共同接受“回扣”的事实供认不讳，他认为这就是行业“惯例”，即使有些不妥，也是全科的事，甚至还“天真”地认为“法不责众”！

检察机关查明：C医院骨科由直接负责的主管人田学东在引进、使用四肢钢板和脊柱耗材等经济往来中，违反国家法律规定，近百次在账外暗中收受医疗器械供应商厉广友给予的回扣共计200余万元，并按照一定的分配系数，将回扣分配给全科医生。

羊毛出在羊身上。这些巨额贿款，实际上都加在了骨科病人的医疗材料费上。厉广友承认一副四肢钢板，他拿到的出厂价只有1500元，卖到医院就变成了2700元，而用到病人身上，已达3000多元。

办案检察官认为，田学东等人的行为已涉嫌单位受贿罪。

此后，C医院骨科因犯单位受贿罪被判处罚金100万元，科室负责人田学东犯单位受贿罪，被判处有期徒刑2年，缓刑3年。骨科其他7名医生的非法所得“回扣”全部予以收缴。

同日，Y医疗器械公司以犯单位行贿罪被判处罚金50万元，厉广友因犯单位行贿罪被判处有期徒刑1年、缓刑2年。

承办检察官说，以前医疗腐败多集中在个体腐败，偷偷摸摸，生怕被人发现。而像C医院骨科这样一个科室“集体下水”的现象，十分少见，呈现了当下医疗腐败出现的新特点，说明风气败坏，“潜规则”成了“显规则”。

新动向：腐败重点从药品转向医疗器械

田学东等人案发后，C 医院意识到了问题的严重性，立即在系统内部开展了全面排查，清查医务人员收受回扣的问题，该医院医药器械管理处采购科科长黄庆祝涉嫌受贿的犯罪事实随之曝光。该院纪委将黄庆祝涉嫌受贿案移送检察机关。

黄庆祝自 1999 年起就担任了 C 医院的采购科科长，负责医院药品、耗材的采购。2005 年 C 医院下设医药有限责任公司，统一负责医院药品、耗材的采购，黄庆祝又先后担任了公司药品采购部经理。事实上，采购科和医药有限责任公司是两块牌子、一套班子。

随着国家医改力度加大，国家基本药物制度已经建立，传统药品的利润率最高不能超过 15%，但是，医疗器械采购却并没有相关管理细则，导致医疗器械成为医药公司新的寻租增长点。

虽然采购医疗器械时要遵照科室主任的意见，但医疗器械议价和采购款项结算的大权仍然握在黄庆祝手中，最终价格的高低由黄庆祝在医疗器械最高限之下“灵活掌握”。

只要黄庆祝的进货价格稍微抬高点，供应商的利润就能高点，只要黄庆祝上点心，货款结算就能及时。这些都是黄庆祝被医药公司“特别关注”的重要原因。

厉广友结识黄庆祝后，为了推销药品、方便结算货款，自然要到黄庆祝那里“走动走动”，仅逢年过节就送给黄庆祝购物卡 1 万元，现金 2000 元。

然而，这些并没有真正打动黄庆祝，在和厉广友商谈医疗器械价格时照常压价。

厉广友也不气馁，逢年过节，坚持送钱送物。2009 年，黄庆祝的儿子考上了研究生，厉广友得知后又跑到黄的办公室送了 2000 元现金。

经过长期考察，黄庆祝认为，厉广友这个朋友“值得交”。

此后，黄庆祝对厉广友提出，自己要在南京买房，委婉地提出希望他帮助周转一下。

厉广友二话没说，第二天就给黄庆祝送去了 5 万元。

打这以后，在双方商谈价格时，对厉广友的报价，黄庆祝杀价的力度明显降低。这也让厉广友心中窃喜，“自己的投资没白费”。

黄庆祝的房子装修时，厉广友又主动拿出 5 万元给黄庆祝“应急”。

“投资”了这么多钱，厉广友也不心疼，因为他知道，最终埋单的不是自己，而是那些使用耗材的患者。

当检察官问黄庆祝，为何厉广友会给他送钱送物时，黄庆祝称双方是朋友，那些只是人情来往。再问及，如果你没有手中的采购权力，他还会给你送吗？黄庆祝无言以对。

厉广友只是众多行贿者之一，随着调查的深入，一个个贿赂的事实令人触目惊心：“供应商刘金送我现金 3.5 万元……河南某医药公司业务员姚小明送我现金 2.5 万元……安徽某医药公司业务员王新送我现金 1.6 万元……安徽某医药公司业务员孙明东送我现金 1.6 万元……”

黄庆祝在担任 C 医院采购科科长、下属医药有限责任公司采购部领导期间，在采购耗材价格谈判和付款环节，共收受 10 余名供应商贿赂 26 万余元。

最终，黄庆祝因犯受贿罪被法院判处有期徒 10 年，并处罚金 5 万元。

检察官总结，自从 2009 年国家建立基本药物制度后，基本药物全部纳入基本医疗保障药品目录，在此范围内，医院的药品加价率不能超过 15%。药品的利润率降低后，医药公司就把逐利的目光投向了医疗器械领域，导致这个领域已成腐败“重灾区”。

（文中涉案人物均为化名）

腐败医务人员忏悔实录：“潜规则”已成“显规则”

秦世杰：无论我拿出使用哪家（厂家）的药品和器材的意见，供货方都会给我回扣，这就是行业“潜规则”。

回忆当年刚参加工作时，我是一个从农村出来的孩子，能领到工钱就已经很满足了，只想着好好工作，掌握技术回报广大患者。工作中我小心谨慎、任劳任怨，虽然做出不少成绩，但从没向组织提出过任何过分要求，也从不想拿“红包”、拿“回扣”。

今天我犯下严重错误，主要责任在我自身。2007 年我当上了科主任，感觉周围的世界同过去不一样了，其他科室领导和下属的恭维多了起来，身边想与我结交的药贩子也多起来了。渐渐地，我变得骄傲自满，面对诱惑，心理防线开始失守，为人处世不再像以前那样小心谨慎，也不再严格要求自己了。

一些药贩子拼命跟我拉关系、套近乎，关心我、体贴我，目的是想利用我手中的权力为他们谋取不当之利，想在药品和医疗器材采购使用时给予关照。无论我拿出使用哪家（厂家）药品和器材的意见，供货方都会给我回扣，这就是行业“潜规则”。（我认为），既然“意见”总归是要出的，“回扣”总归是要来的，我对权力、“回扣”便缺乏了清醒的警觉，被手中的权力带来的一时好处冲昏了头脑，在利益的诱惑下，被拉下了水。

现在我知道错了，从我的教训中可以看出，有权之人，只要胆子大，有了私心，走向腐败是必然。

田学东：医生拿回扣已不是“潜规则”，对医务工作而言是习惯，对药贩子而言是“显规则”。

现在来讲“医生拿回扣”已不是“潜规则”，而是“显规则”，医务工作者和药贩子，大家都心照不宣，也没有觉得有何不妥。

我刚参加工作那会儿，回扣也就是一箱奶、两包烟或两瓶酒。后来就有药贩子给现金了，但数额也不大，一般医生能否拿到回扣、能拿到多少回扣由科主任说了算。那时常常有医生因回扣的事跟科主任闹矛盾。

2006 年我当了科主任，心里就想一定要搞好团结，所以一上任就告诉大家多劳多得，收益公开透明，还指定人员负责统计。因此，全科的“凝聚力”很快就上来了，效益逐年上升，工作氛围也很好。

之前，虽然知道拿回扣是一种不正之风，却浑然不觉已是犯罪。经检察官教育，我才知道这是一种集体犯罪，我们整个科室触犯了单位受贿罪。

是这个“显规则”毁了我的前程、我的生活、我的声誉、我曾经引以为傲的职业，更遗憾的是，我要离开我自己热爱的工作岗位了。我愿拿自己的教训来警示其他医务工作者“且莫拿此当习惯”。

黄庆祝：看到那些药贩子个个赚得盆满钵满的，我就想不拿白不拿，反正他们也得用我。

1999 年，我当上了医院的采购科科长，负责全院药品和耗材的采购。2005 年，医院成立了医药有限责任公司，我又分别担任了副总经理、总经理。采购的形式变了，实际上我手中的权力一直没变。

这几年，药品的利润小了，一些药贩子转而做耗材生意，很多人涌来。医院要盈利就得节约成本，我就负责谈价，药贩子想卖高价就得求我。他们总是变着法子地给我好处：请客吃饭、送购物卡，我知道他们是让我在采购时，杀价别太狠。小的东西推不过就收了，一些大额的现金他们也送，但我怕出事没敢收。

2008 年，我在南京上大学的儿子快毕业了，我就想在南京给他买个房子将来结婚用。这时候，我就想起了好几次要给我送钱的厉广友。虽说没收过他多少好处，但我也没难为他，这几年他在我们医院卖耗材赚了不少钱，好几次他要给我“表示表示”都让我推了。

我就给他打了个电话，厉广友就给我送来了5万元。

这次这么多钱，我心里有些害怕，后来过了一段时间，我心想就算不还他，他也不会问我要的，因为他以后还用得着我。

之后，我拿人嘴软，就不好意思杀价了，有时还可能帮忙抬高点价格，让厉广友在利润上得实惠。其他的药贩子看出其中的门道后，也来找我。我就昏了头。时间长了，我觉着既然他们用得着我，不拿白不拿。从此，越陷越深，难以自拔。

观察

医疗腐败出现“新格局”，医疗改革势在必行

医疗腐败是个老话题，但从Y区检察院在医疗领域查办的系列腐败案来看，当下的医疗腐败呈现“新格局”，出现了新趋势、新动向、新特点。

医疗腐败屡禁不绝，直至今日出现“腐败新格局”，根本原因有四：一是“以药养医”的医疗体制亟待改革；二是医院作为国有事业单位，参与市场经营，既是裁判员，又是运动员；三是医务人员普遍待遇不高，寻租现象滋生；四是监管乏力。

2009年后，国家对规定的药品价格实行最高零售价管理，医疗机构的药品加价率也不能超过15%，在一定程度上解决了药品贵的问题。但是，以药养医的格局没有变化。目前公立医院的收入80%以上来源于药品、器械（耗材）销售。

正是因为医药公司、医院对销售和经营有着双向需求，因此，在基本药物价格被限制后，医药公司开始冲破基本药物目录，生产高价药，也将销售矛头

对准了还没被限制价格的医疗器械。医院和医务人员则同时大搞经营，在医疗活动中开“大处方”，进行“大检查”，一味追求利润空间，导致药价畸高，药价利润便由各个利益共同体瓜分。

同时，高利润引来大量资本涌入医疗行业，导致医疗用品产能过盛，引发恶性竞争。各个厂家为了产品能卖入医院，又以高额回扣腐蚀医务人员。所以，行贿人厉广友说：“市场的蛋糕就那么大，只要能挣到钱，什么方法都得试。”

因此，以药养医的体制让公立医院难以回归公益性，这是医疗腐败滋生的本质成因。

另外，医院以事业单位身份参与市场经营，也是腐败难以根除的重要原因。

“大型公立医院掌握着垄断性的医疗资源，掌握着患者群体、医药和器械处方权、药品供应采购权，当医院从公益性事业单位转变成经营主体后，就用垄断资源来进行市场经营，集裁判员和运动员两种身份于一身，违背了‘政企分离’这一市场经济运行的基本要求。腐败必然滋生。”承办检察官说。

医务人员压力大、待遇普遍低也是客观现象。

来自发案单位C医院骨科的一名医生说：“工作在临床一线的普通医生月收入也就三四千元，但人少事多，劳动强度非常大，加班加点，连续手术，甚至有时半夜在家睡觉，突然来个电话就得赶回医院。压力大，风险高，很多医生所付出的劳动和获得的回报不成正比。”

这也导致医生群体面对纷至沓来“医疗回扣”，心态失衡，轻易沦陷。

医疗腐败蔓延，卫生管理部门监管缺失也是一个重要原因。

X市卫生局编制只有40人左右，负责行风纪律的监察室只有2名工作人员。但他们负责监管的市办二级以上医院就有十余家，每家医院临床科室最少也有三十多个，再加上药剂、采购、财务综合等部门，每家医院要监管的部门就有四十多个。卫生管理部门的监管力量之薄弱可见一斑。

看病问诊是个技术活，如果涉及具体采购，更是个专业问题。“就拿心脏固定器来说，目前常用的品牌就有十几个，哪个品牌、哪种型号更适合患者的个人情况，不是权威专家谁也不敢下结论，更不用说来判断这其中的采购有没有问题。”卫生局工作人员说，“因此，对于医疗采购如何监管、用什么标准来管，是一个亟待解决的问题。”

同时，医务人员在受贿时往往和医药代表单线联系，地点多在办公室和家中，行为手段比较隐蔽。对于受贿行为，卫生监督机关很难发现。即便医生收回扣被抓了现行，监督人员也无法掌握收回扣的次数和具体金额。

面对医疗腐败错综复杂的成因，如何斩断其滋生蔓延，是一个重要课题。

第一，除了加大打击腐败的力度，还必须改变以药养医的体制机制，这是个中关键。政府要加大财政投入力度，改变公立医院主要靠药品利润支撑的现状，逐步实现医药分离，提高医务人员的劳动技术价值。

第二，要做到药价公开。政府集中药品采购的过程涉及群众的切身利益。在不涉及商业秘密的前提下，应将药品的出厂价、中标价、医院零售价全面公开，挤干药价虚高的水分。让生产厂家、流通环节以合理的利润，生产出质量有保证的好药，斩断“公关”的利润空间。

第三，加大监管力度，同时引入第三方监管。首先，要夯实管理部门的基础，加大人力、物力、财力的投入，明确其监管权限，制定对药品、器械采购的管理细则，制定对医务人员监管的标准，照章办事。其次，广泛借鉴国外先进经验，如在美国病人看病由保险公司埋单，而保险公司要审核每一个医生所开的检查单和处方，如果医生检查得不合理，保险公司就不会把钱付给医院。日本同样存在这样的第三方监管机构，当他们发现某一个医生开出的医疗费用过高，就会进行调查，一旦发现问题，这个医生将会被终身禁止行医。

第四，检察机关对医疗腐败继续保持高压态势。除了重点打击受贿行为，对行贿行为同样不能手软。在医院采购环节贿赂犯罪活动中起积极主动作用的大多是行贿人，如果只注重打击受贿而轻视对行贿者的追究，反腐败斗争最终难见成效。因此，应加大对行贿人和行贿单位的处罚力度，并且对因行贿被处罚的，实行从业禁止。

16

千亩麦田绝收案背后的罪与罚：读职腐败令人惊心

导言

近年来，矿难频仍、环境污染、假药侵农……涉及民生的重大事故屡屡发生。一系列危害群众利益的民生事件背后，可能都隐藏着政府部门的不作为或乱作为。检察机关对其中隐藏的渎职犯罪依法“亮剑”，宣示对渎职犯罪“零容忍”。

在H市，假农药导致5400余亩麦田绝收，1289户农民受灾，经济损失高达200多万元。

生产、销售假农药的赵诺、崔健康、裴云华、曹喜善等人被以涉嫌生产、销售伪劣农药罪提起公诉。H市H区农业行政执法大队大队长杨大庆被检察机关以涉嫌玩忽职守罪提起公诉。

假农药传播，5400余亩麦田绝收

某日凌晨，H市H区L乡鱼种场场长张峰气喘吁吁赶到了H区农业行政执法监察大队。张峰受凌桥乡几户农民委托，反映使用农药后麦子枯黄的异常情况。

下午2点，H区农业行政执法监察大队大队长杨大庆带着队员来到凌桥乡，发现麦田大面积枯黄，小麦从第二节秸秆以下坏死。当日下午，杨大庆向农业局领导做了汇报。

紧接着，在随后的两三天内，H市H区、C区、Q区、L县、H县以及Y

市F县内，均出现大面积麦田受灾情况，受灾总面积共达5400多亩，仅在H市H区，受害麦田面积就达2500亩之多。所有的受灾报告都集中指向一个重要事实：受害农户无一例外均使用了一种“虫病无影”牌农药。

H区X镇S村七组的郝明霞、苏守志老两口，承包了15亩地，每年靠种粮食卖来的8000元收入过日子。郝明霞花28元购买了14瓶“虫病无影”，平均每亩使用1瓶，一周后，麦田全部枯黄，最后，14亩使用了“虫病无影”的麦田颗粒无收。

H区L乡种猪场西农队，刘金霞和徐茂两家人的状况如出一辙。刘金霞家总共5口人，全家老小的口粮就靠承包的5.1亩地。刘金霞于4月26日花10元购买了5瓶“虫病无影”，每亩用了1瓶，5天后，麦田全部枯死。

徐茂老两口共有6亩地，小麦抽穗前花12元买了6瓶“虫病无影”,6天后，小麦颗粒无收。这两家人在遭到药害后，吃饭都成了问题。

在H区内最贫困的T村，村里74岁的黄克中老人是远近闻名的贫困户。

黄克中与患脑血栓、生活无法自理的老伴一起生活，靠着家里仅有的2.5亩地糊口。黄克中买来了9瓶“虫病无影”，连着自己大儿子家的6亩地，每亩打上了一瓶。5天后，麦田全部枯死。

……

H市C区农业局迅速行动，将农民们使用过的“虫病无影”火速送往某质检所进行检测。检测结果表明，这种农药里含有强效的除草剂——喹禾灵，对小麦等草本植物具有极强的杀伤性。

受害农户纷纷涌向销售农药的经营户家里讨说法，农药经营户此时也慌了手脚，他们也解释不清是哪儿出了问题。吵闹的、哭号的、推诿的，田间巷陌，一时群情激昂。

H市农业局向公安机关报案。面对如此重大的涉农事件，H区人民检察院一面上报H市人民检察院，一面迅速提前介入。公安机关和检察机关一致认为，如此大面积的农田污染，必然存在严重的违法犯罪行为，应尽快立案，稳住人心，并敦促农药经营户尽快予以赔偿。

与此同时，H 市委专门成立了“虫病无影”农药污染领导小组，负责善后处理工作。

H 市 H 区公安分局对此事件立案侦查。究竟是什么人在生产、销售“虫病无影”？造成假农药如此大规模的泛滥，相关部门应负何种责任？

随着此案主犯一一落网，事实真相被逐一揭开。

利欲熏心，勾结制售假农药

公安机关侦查后发现，所有的“虫病无影”都是由 H 市华达农资服务部总经销的，而该服务部的负责人赵诺在事发后就迅速消失了。赵诺肯定有重大犯罪嫌疑。通过对赵诺家属的耐心工作，很快，公安机关在 H 市某旅社将藏匿其间的赵诺抓获。

赵诺，40 岁，H 市 H 区人，白白胖胖，一副忠厚老实的模样，买了辆“松花江”小面包车专门运输农药，在 H 市进行销售。几年里，赵诺的农药生意做得风生水起。赵诺的货是从哪儿来的呢？赵诺交代，他的上家是农药销售商崔健康。

随即，H 市警方在 Y 市抓获本案另一名犯罪嫌疑人崔健康。

崔健康，42 岁，浓眉大眼，皮肤黝黑，一直在淮安地区从事农药销售，可以说是半个农技专家。他和赵诺有过生意上的来往，彼此十分熟悉。

几年前，崔健康在销售农药时遇到了麻烦。那年，他销售西安某农化有限公司的“除无影”农药时，产品销售滞缓，大量农药积压，一年的保质期将近，眼看就无法销售。崔健康眉头一皱，一个歪点子冒了出来：把过期农药换包装，加配料，旧酒装新瓶，不照样可以卖嘛！

于是，崔健康开始四处寻找合作伙伴。很快，Y 市益农化工厂的老板裴云华落入了他的视线。崔健康和裴云华在一次农药订货会上相识，当崔健康允诺每加工 1 吨过期农药就支付 2000 元时，裴云华当即同意提供场地、技术员。

裴云华心里清楚崔健康连最基本的“三证”（农药登记证、生产许可证、产品质量合格证）都没有，是绝对禁止生产农药的，何况还要换包装、加配方，这是明摆着生产假药。但利益当前，裴云华丧失了原则，成为崔健康的犯罪搭档。

1 个月后，在 Y 市某村，益农化工厂第一批 4 吨“加料农药”新鲜出炉，外包装统一换成了“虫病无影”。一切准备就绪，崔健康找上了在 H 市搞农药批发小有名气的赵诺。崔健康告诉赵诺，他这个农药原产地在陕西，效果跟“除无影”一模一样，他是总经销，质量绝对没问题，并说不放心可以先卖着试试。

赵诺很快就被每箱 40 元的低价吸引了，按照他的经验，这样的产品批发给小的经营户每箱可以卖到 50 元。于是，虽然到手的“虫病无影”没有任何合法证明，但受利益驱使，赵诺还是决定照卖不误。

事情总是有阴差阳错的时候，这批加了料、重新加工的过期农药，杀虫的效果居然特别好，农户们不明就里，纷纷称赞，大批小经营户争先恐后前来抢购，赵诺心里乐开了花。于是短短两个月内，他从崔健康手中陆续购进了 1000 箱“虫病无影”，并很快销售一空。崔健康也是大喜过望，等他手上的报废农药用完后，又接着用裴云华厂里的报废农药来“加料”，每吨报废药水付给裴云华 5000 元，如此“废物利用”，裴云华自然乐于坐享其成。

操作失手，错中错酿成大祸

卖得兴起的赵诺等不及崔健康送货，准备派司机前去拉货，崔健康让他直接到 Y 市去取货。

当晚，接到崔健康的生产指令，裴云华立即安排技术员曹喜善加工药水。曹喜善平时的工作很简单，就是把过期报废的农药放进反应釜，然后添加配料，接着由工人分装到每个药瓶，再打上外包装就行了。但是意外发生了，当晚 9 点，在昏黑的灯光下，曹喜善竟鬼使神差地随手把强效除草剂——喹禾灵掺进了反应釜内。这个意外的操作失误终使这场假农药买卖酿成滔天大祸。

当日晚 11 点,60 箱剧毒的“虫病无影”装上了赵诺的小货车，运往了 H 市。第二天凌晨，另外的 404 箱也包装完成，随即运给了赵诺。

赵诺的司机在装运的当晚就提醒他：Y 市并不是崔健康囤货的地方，而是生产农药的所在，“虫病无影”包装上明明白白写着原产地陕西，这不明摆着是假药嘛！赵诺置若罔闻，“虫病无影”没有任何合法证明，崔健康没有“三证”这些他都清楚，可是销售情况这么好，他才不会断了自己的财路呢！

464 箱剧毒的“虫病无影”立刻从赵诺的华达农资服务部分散到了他下设的 12 个经营户手里。

此后 1 个月内，大面积麦田绝收，给众多农民的生活带来了巨大影响。

事实清楚、证据充分、后果严重，赵诺、崔健康、裴云华、曹喜善以涉嫌生产、销售伪劣农药罪，被 H 市 H 区人民检察院批准逮捕，随后被提起公诉。

关注案中案，深挖渎职犯罪

当赵诺等人被公安机关立案侦查时，“虫病无影”造成的大面积小麦绝收已经成了街谈巷议的特大新闻。

H 市人民检察院的检察官也正在密切关注着事件的进展，他们敏锐地判断此事不简单：赵诺提供的材料显示，农业行政执法监察大队的大队长杨大庆曾经在案发前查处过他。既然查处过他，为何没有发现是假药？既然查处了，为何没有勒令停止销售呢？此中是否存在渎职行为？

H 市两级检察机关初步调查表明，H 区农业行政执法大队大队长杨大庆在此事件中，玩忽职守，一错再错，丧失纠错的良机，负有不可推卸的责任。H 市人民检察院决定对杨大庆以涉嫌玩忽职守罪立案侦查。

杨大庆，43 岁，H 市农业学校植保专业毕业，一直在 H 区农业执法大队工作。杨大庆的知识背景和从业经历使他在业务上是个标准行家，平日在单位里，业务上的事情基本就他说了算。

杨大庆曾带领队员王建凤到H区苏北市场例行检查，那里是农药、化肥销售的集散地，也是农业执法大队检查的重点。

杨大庆在九谷门市部的货架上发现了“虫病无影”农药，根据经验判断，这种品名和包装的农药肯定没见过。杨大庆立即叫王建凤填开“抽样取证凭证”给九谷门市部的负责人徐梅，并从8箱“虫病无影”中取出了2瓶带回了办公室。

当天下午，杨大庆在《农药管理信息汇编》中查找相关信息。《农药管理信息汇编》是国家农业部统一编发的指导性工作手册，详细登记着所有国家同意生产的农药品种、登记证号、生产厂家、防治范围、生产有效期，等等。杨大庆通过比对发现，“虫病无影”并没有登记，但“虫病无影”的“三证”号却与“除无影”的一模一样。

按照当时《农药管理条例》的规定，杨大庆此时的职责有三：其一，应致电陕西“除无影”的生产厂家，核实是否生产过该种农药；其二，将抽样送去检测；其三，通知九谷门市部徐梅等农药小经营户停止销售。

但是，杨大庆在没有任何调查的基础上，想当然地认为这两个牌子的农药仅仅是“号相同，品名不一样，没什么大问题”，主观断定“虫病无影”只是属于擅自修改标签内容、超范围经营。

杨大庆随即吩咐手下找徐梅过来谈谈。徐梅说“虫病无影”是从赵诺处批来的，她去通知赵诺来处理。

徐梅将抽样的事情告诉了赵诺后，赵诺不置可否，一直推托有事忙，没工夫去农业行政执法大队，杨大庆也并未对此事继续追究，直到赵诺感觉再不去敷衍一下就太不给面子了，才极不情愿地来到杨大庆办公室。

此时，杨大庆却又作出了个荒唐的决定，他没有对赵诺进行任何问询，便直接告知因超范围经营罚款3000元。赵诺没有辩驳，只是就处罚的多少和杨大庆进行了一番讨价还价，最终罚款的金额降为1000元。赵诺说身上没带钱，承诺过两天给钱，就离开了农业执法大队。杨大庆认为这样处理，这事情就算是结束了。

那2瓶抽样的农药还原封不动地摆在执法大队的办公室里，没有任何人去理会。

杨大庆的渎职，错过了及时制止假农药泛滥的转机，致使第二批剧毒“虫病无影”畅通无阻地涌上毫无防备的市场。

“虫病无影”在市场上销售得如火如荼之际，杨大庆丝毫没有意识到危险的降临，却只惦记着赵诺答应缴纳的1000元罚款。

杨大庆安排队员去市场检查“虫病无影”是否还在销售，队员在金丰农药经营部查扣了4箱“虫病无影”，金丰农药经营部的负责人王珍说是赵诺卖给她的，有问题就去找赵诺。

随后，在王珍的要求下，赵诺硬着头皮来到了杨大庆办公室。杨大庆没有对他继续销售“虫病无影”的情况进行任何追究，只是开具了一张罚没款缴款通知单。在收取了赵诺的1000元罚款后，杨大庆心满意足。

这是剧毒“虫病无影”销售的第10天，如果此时杨大庆稍微负一点责任，责令停止销售假药，那么还有一次减少损失的转机，然而身负执法职责的杨大队长再一次玩忽职守，使得挽救败局的机会又一次与之擦肩而过。

第20天，杨大庆带领队员来到市场对杀虫剂进行例行检查，并抽样提取了13种杀虫剂样本。此后，杨大庆带着样本前往盐城质检所进行检测，这次，他又把放在办公室内的2瓶“虫病无影”给遗漏了。

直到收到农民的举报后，杨大庆才做了他早就该做的分内事，致电西安喷得绿农化有限公司，这才得知该厂从未生产过“虫病无影”，只生产过“除无影”。可惜，大祸已酿，于事无补。

查一儆百，渎职犯罪危害尤烈

最终，这起备受各方关注的渎职案件在H市中级人民法院开庭。

起诉书指控杨大庆身为农业行政执法大队大队长，执法程序违法，没有调查笔录，没有处罚决定，该送检测没有送检测，草率罚款，给国家和人民造成了巨大损失，已经构成了玩忽职守罪。同时，杨大庆还曾利用替他人减免处罚的机会收受贿赂1.2万元，构成受贿罪。

这个庭开得十分艰难，因为证据繁杂、数目众多，单是1289户农民的损失进行详细的核实、统计就整整73本卷宗。承办检察官坦言，这是他从检二十年来最艰难的公诉经历，整整用了5天时间，才将证据材料全部出示完毕。

检察机关面对重重压力，广泛收集证据，细致了解相关工作流程，最终以不可辩驳的证据成功指控了犯罪。

承办检察官认为办理这起渎职案件有两个重大意义：

第一，渎职行为对重大民生事件的损害不啻个别不负责任的奸商。以往发生的一系列危害群众利益的民生事件，可能都隐藏着政府部门不作为或者乱作为的情况。如果各级政府部门都能切实按照法律法规的规定来办事，有些事故完全可以避免。此案中，杨大庆作了草率的行政处罚，反而使伪劣农药得以进一步扩散。这个案件的正确、成功的处理，对行政执法人员是一个巨大的警示，处理一个人其实就是教育一群人。

第二，这个案件的查处体现了司法为民的宗旨。检察机关要进一步敏锐关注民生问题，对造成人民群众巨大财产损失的事件，要深入进去，剖析问题，查处犯罪。

在对这起涉农案件的众多犯罪嫌疑人撒开法律之网的同时，检察机关配合市委市政府，制订了对农户赔偿工作的具体方案。赔偿工作的迅速展开，很快稳定了民心。

事过半年之后，在H区的X镇，笔者看到大片农田里的麦子仍然是稀稀拉拉，仿佛营养不良导致的脱发。

镇里的农技员告诉笔者，除草剂强大的酸性对土壤的影响极大，虽然农户们在种植谷物前已放水疏浚但效果并不明显，今年乃至今后几年，粮食产量将持续减收。

关于改良受灾土壤的问题，当地植保站也正在进一步加大宣传力度。

（文中涉案人物均为化名）

———— 观察 ————

司法完美监督行政执法，展现法治意义

在一个尊重和崇尚法治的社会，任何人，尤其是代表国家行使种种职能的公职人员，都必须“在其位，谋其政”。任何尸位素餐的人不仅应受到谴责，更应承担相应的法律责任。这是依法治国的重要标志，也是人治与法治的分水岭。

在近年的司法实践中，因桥垮楼塌、水淹路陷、矿难事故等引发的国家工作人员失职渎职被查办的案例不胜枚举。但与杨大庆不同的是，这些被查办的国家工作人员大多具有主观犯罪故意，他们或以权谋私、放纵犯罪，或媚上欺下、徇情枉法。

杨大庆玩忽职守案件则是一件行政不作为案件，他的行政不作为又具体表现在他不是没有履行查禁职责，而是他没有严格依照行政执法的程序处理案件。也就是说，这是一起因行政程序违法而发生的渎职案件，这起案件是在普通刑事案件已经侦查完毕，制造假农药的元凶已被查出，人们额手称庆，案件可以告一段落的情况下，因法律监督机关的主动介入而完成的一起司法干预和规范行政执法的完美案例，这一案例的司法意义在于：

首先，凸显了法律监督机关介入的主动精神。近年来，对重大的公共安全事件，法律监督机关主动介入的频率逐渐增多，但这些介入大多是在有明显职务犯罪迹象和现象的情况下进行的，而杨大庆案件是在刑事案件已经侦查完毕，

案件的前因后果已经明了，表面上没有执法人员失职渎职现象的情况下，市县两级检察机关主动关注、主动介入最终使案件背后的渎职行为暴露。这充分说明，随着依法治国进程的推进，检察机关加强法律监督的主动精神被进一步强化。

其次，法律的客观公正性得到了张扬，法律监督的权威进一步深化。杨大庆玩忽职守案是一个典型的行政程序违法案件。行政管理和行政执法是两个具有重大区别的概念，前者执行的是国家和部门行政管理的一般规定和条例，后者执行的是行政管理法规。行政执法只要出现程序上不作为，并由此产生了严重后果即可追究当事人的责任，而杨大庆的过错恰恰表现了一名行政执法人员违反执法程序，导致出现假农药未被及时查获的严重后果。因此，该案是一起行政程序违法的典型案例。

因此说，杨大庆案件是在法治社会建设时期，我国司法对行政执法的一次完美的干预，它的意义远比我们目前能够认识到的更为深远。

17

基层土管员造成 1200 万元国资巨损：渎职平台促生滔天大案

导言

从 20 世纪 90 年代末开始，我国进入了土地开发利用的高峰期。国家以法律形式确立了土地有偿使用的规则。

与此同步，国土资源管理系统也从形式上完成了自上而下的垂直管理。然而担负着测量土地、办理证件、收取规费等职责的乡镇一级土地管理所，缺编少人、管理混乱，根本无力担负基层土地管理的职责。

C 市 W 区 F 镇土管所就是这样一个标本，它的现实生态表明法律、政策在自上而下的传递中失语，出现了一个客观存在的土地管理真空地带。

于是，绝非偶然地出现了小小土管员卢元庆渎职犯罪酿成 1200 万元损失的特大案件。

办证异常混乱，东窗事发

“办完这个案子，把明细账一算，1200 万元损失啊！”在 C 市 W 区人民检察院，承办检察官对笔者说，“这是卢元庆造的孽！”

检察官口中说的这 1200 万元，是一起案件的犯罪金额，但不是贪污、受贿款，也不是挪用款，而是一名乡镇土地管理所的普通工作人员，在短短 4 年内，滥用职权给国家造成的损失。这起渎职罪案的犯罪人，就是 W 区国土资源分局

F 镇土地管理所的土管员兼出纳员卢元庆。

一个小小基层土管员怎会捅出这么大个窟窿！

W 区人民检察院收到一条举报线索，反映 F 镇大桥村原村支书丁晓斌在将村集体的十多亩地用于私人建厂时，没有缴纳办理集体土地使用证的费用。

检察官查实，丁晓斌的这块地已经“移地转让”给了该村的电讯材料厂。所谓“移地转让”，就是把土地批准书里批准的地块换一个地方使用，实际上就是套用原批准书的用地指标，这是《土地管理法》明文禁止的行为。

大桥村的这块 15 亩地的名下，实际上就有了两个企业，形成了“两地一户”的局面，而“户主”变成了电讯材料厂的厂长张平。

张平根本就不知道，自己户头下竟然还隐藏着丁晓斌的地。毫不知情的他规规矩矩地为自己的 15 亩地缴纳了 18 万多元，补办了集体土地使用证。于是，在土管部门的记录上，大桥村的这块建设用地指标就完全合法化了。

显然，丁晓斌讨了大便宜。他躲在张平的名下，很有技巧地逃避了自己使用土地时也同样必须缴纳的费用。

这是一种很“专业”的伎俩，没有土管部门的内应，丁晓斌根本没有能力做到这一点。那么这个内应是谁？F 镇土管所工作人员卢元庆浮出了水面。

“我是个‘朋友人’，丁晓斌和我早就认识了，他向张平介绍，说我可以帮他办集体土地使用证，张平就来找我办。我心想张平反正要掏钱办厂，于是就帮丁晓斌拉了个顺水人情，指标两人用，钱一个人交！”卢元庆和检察官第一次接触时这样解释，丝毫没有意识到自己已经触犯了法律。

几乎就在调查开始的同时，检察官又收到了关于卢元庆的举报。村民反映卢元庆滥用职权，为自己在老家搞了 2 亩地盖了几间厂房准备出租。

检察机关立即对此展开调查，情况属实。

调查中，检察官还发现，在 F 镇土管所，几乎所有集体土地使用证的业务都由卢元庆一人经办。那么他是否还有其他滥用职权的行为？

顺藤摸瓜，检察官彻查了 F 镇土管所经办的 100 多个企业的集体土地使用证，结果令人大吃一惊：绝大部分集体土地使用证存在问题。有的年份不对，有的多家企业重复使用同一地块，有的企业总共20多亩厂房，记录显示竟然全是河塘，这个企业难道漂在水上吗？

种种混乱，匪夷所思。

而所有这些的经办人只有一个——卢元庆。

W区人民检察院以涉嫌滥用职权罪将卢元庆刑事拘留，随后将其批准逮捕。

借“变法”之际，趁机作乱

卢元庆是C市本地人，“文革”期间高中毕业，部队复员至C市W区标准件厂工作，一干就是四五年，家里经济条件十分困难，盖不起新房，娶不起新娘。

当时，卢元庆有个战友的父亲是W区F镇领导，看他条件实在困难，就将其调入F区土管所工作，后来卢元庆结了婚，并育有一女，生活开始逐渐改善。

卢元庆原本在当地就有许多复员回来的战友，再加上他人面善、嘴也甜，几年工作下来，地方上的人头混得挺熟，是个人人愿意结交的朋友。

卢元庆和F镇的赵奇合作创办了嘉诺有机硅有限公司，一共6个股东，卢元庆投资了4万元，占了个小股。“嘉诺”的生意十分红火，卢元庆每年都有几万元的分红，再加上他每年5万元的工资收入，生活十分富足。

“唉，卢元庆这个人其实也不是十恶不赦，如果不是补办集体土地使用证，人人图办事方便，天天捧着他，求着他，他不至于这么糊涂，也不会出这么大的问题！”F镇土管所工作人员对笔者说。

补办集体土地使用证有其特殊的历史背景。1988年12月29日，《土地管理法》第一次修正后正式实施，在第2条中新增了“国有土地和集体所有的土地的使用权可以依法转让”“国家依法实行国有土地有偿使用制度”的内容。

在此之前，村集体的土地只是在县级人民政府登记造册，核发集体土地所有权证书，确认所有权。企业要用地，村委直接以收取租金、订立合同的形式来完成土地使用权的转让。

而在《土地管理法》修改后，建设用地必须报批并办理集体土地使用证，已经施工或竣工但未报批办理手续的建设用地，就必须补办集体土地使用证。

J省国土资源厅随后出台《关于遗留建设项目用地处理意见的通知》，明确了补办集体土地使用证的条款和收费标准。

同年，W区出台了一条土地新政：新征建设用地每亩收取1.4万元的新增建设用地有偿费和6000元的开垦费。也就是说，新征的土地，每亩要多出2万元费用。

于是，大批已经征地、正在征地的乡镇企业涌进土管部门，都想赶在新政实施前，补办集体土地使用证。

“你找‘卢所’去办嘛，把钱给他就行！”F镇亚峰照明电器有限公司的总经理王伟，在F镇村委办公室里对笔者说，“当时人人都知道，土管所找卢元庆办事最管用！”

F镇总共只有3000多名村民，1000多亩地，倒有40多个企业，是W区企业最集中的区域。

“很多人在办这个证，我怕麻烦，也就去找卢元庆了！”王伟回忆说，“卢元庆很热情，说大家都是熟人，一切从简吧！”王伟的工厂一共征用集体3亩地，按规定他给了卢元庆4.5万元。“我们做生意的，能省事就等于赚钱，他后来没开发票给我，我根本就不在乎，反正又没人给我报销！只要小卢帮我把证办好就行！”王伟说。

但是王伟怎么也不会想到，卢元庆就是吃准了他的“不在乎”，在报批表格上将他的3亩耕地改成了河塘。这耕地与河塘可大有区别，一亩河塘比一亩耕地要少交5000元的耕地占用税，所以卢元庆略施小计，表格上只动了两个字，就将3亩地的1.5万元税收差价塞进了自己腰包。这样一来，王伟被蒙在鼓里，坑害的是国家。卢元庆案发后，王伟只得自掏腰包再次补齐了这1.5万元。

王伟至今愤愤，他为办事图个方便送给卢元庆两条“中华”牌香烟，卢元庆还一脸笑容地婉拒了：“都是朋友，帮帮忙，应该的！”王伟因此逢人就夸卢元庆做事上路子，是个“朋友人”。谁知，他背地里竟干着这样的勾当。

更想不明白的人是赵奇，这个黑黑胖胖的精壮汉子，喊一嗓子震得办公室四处回响：“他是脑子发了昏啊！我跟他合伙搞了‘嘉诺’，结果他连自己厂里掏出来的钱都要拿！”

卢元庆对赵奇说：“快来办集体土地使用证，要不然过了这阵就要多缴费了！”赵奇一听，赶紧按卢元庆所说的数目从厂里拿来了12万元交给卢元庆。谁知，卢元庆却将发票的中间一联抽走了，将存根上的数字改为8万元，自己从中“眯”了4万元。

王伟所说的卢元庆连香烟都不肯收，显然是他掩人耳目的伎俩，卢元庆利用企业老板想办事、图方便的心理，6次收受贿赂2.5万元，并通过将耕地改河塘、收不入账等方法，又偷偷贪污了15.9万元。

在为自己捞钱的同时，卢元庆挥霍权力的满足感与日俱增。补办集体土地使用证的同时，很多企业老板都想将新征的土地按照以往的标准收费，搭上“补办”的这趟末班车，这样一来，就可以每亩少交2万元的费用。

卢元庆每日沉浸在老板们的迎来送往、觥筹交错中：不就是填填表格，把用地时间改改嘛！这对卢元庆而言，就像是帮左邻右舍添块砖加块瓦这么简单。因此，他几乎是来者不拒。

于是，卢元庆“大刀阔斧”，大肆填写虚假的、杜撰的补办土地证申请表格，将不符合补办条件的众多企业一一进行了貌似合理的登记。他的这一行为在很长时间内甚至为人所称道，因为卢元庆为F镇的这些企业节约了大笔费用。

而在卢元庆需要用钱时，他又通过这项著名的“补办业务”大肆贪污。

F镇一家电子厂有新租的3.4亩地要办集体土地使用证，按规定要交7万元。老总找卢元庆帮忙。

卢元庆脑筋一转说：“你给我4.5万元，其他就不用管了！”老总只希望事情能尽快办成，具体这4.5万元怎么计算出来的，他根本就不在意。

卢元庆随即在填报表格时将这3.4亩地计算到了F镇亚峰照明有限公司的名下，并以补办集体土地使用证的标准，按照每亩1万元的收费将3万元上交了土管所账户，自己轻松截下了额外的1.5万元。

最终，卢元庆以犯贪污罪、受贿罪、诈骗罪、滥用职权罪被判处有期徒刑11年。

种种缺漏促生渎职平台，令人深思

卢元庆贪污、受贿、诈骗的总金额虽然只有23万元，但他的渎职却给国家造成了巨额损失，而且严重扰乱了当地的土地管理秩序。

检察机关现已查明；卢元庆给69个不符合补办条件的企业，违规补办用地批准书，补办面积达449.109亩，导致国家损失883.2万元；为89个单位在办理用地批准书时，肆意将耕地改为河塘，更改面积达426.3亩，造成国家耕地占用税损失213.2万元。

卢元庆滥用职权笔数之多、面积之广、混乱之重、损失之大、时间之长都骇人听闻、触目惊心，然而，在他长达4年几乎公开的犯罪实施过程中，他所在的单位、上级主管为何无人发现，无人过问，该当何责？土地管理监管制度在哪里？为何百多家企业无视法律法规，默认他的胡作非为？为何上百个老板甘心沦为他随意支取钱财的取款机，保持沉默？

在F镇土管所，笔者了解到，按照补办集体土地使用证的工作流程，卢元庆的工作职责是根据企业的用地时间、面积填表格，然后交由所长签字，再由镇长签字，然后交土管所备案。程序设置还是相当细致的，但卢元庆的工作恰恰是这一系列流程中承上启下最关键的环节。这个环节出了问题，接下来就是多米诺骨牌似的效应。

实际上就是卢元庆填什么，领导就签什么，那就把最重要的工作责任都落在了卢元庆一个人身上。既然他的岗位如此重要，那为什么不在实地勘察、测量、计算面积、填写表格时，安排两个人呢？

2000年以前，土管所一直归乡镇管理，根本没有富余的人员编制，基本全部外聘。在2000年年初，国土部门统一垂直管理后，缺编少人的情况并没有得到改善。整个W区国土局200多个工作人员中，只有20多个公务员，更不用说最基层的土管所了。所以，补办集体土地使用证的行动一开展，大家都忙得不可开交。

这一情况在F镇土管所表现得尤为严重。所里本来就只有3个工作人员。这三人中又有两个是前任所长，分别因受贿罪、交通肇事罪被判处了缓刑，W区国土局念在他们是老人，并没有开除公职，继续在所里留用，只是业务上的事不大让他们经手了。

于是，卢元庆成了真正掌权的业务骨干，又做财务又办业务。四个人一台戏，其实就是卢元庆的独角戏。

笔者调查发现，当地人大都认为卢元庆是个“朋友人”。因此，为朋友帮忙、没有原则性确实是他主观上犯罪的一个原因。但在基层土管工作中，缺编少人，一人独揽大权，同级监管形同虚设，是卢元庆犯罪得逞的重要条件。

如果说以上原因可以用来解释为什么土管所没有及时发现卢元庆问题的话，那么上级国土分局对申报表格上填写的一个个数字为何没有实行有力监管呢？

“说是监管也有，说是现场勘测也有，但实际上只是选几亩地走个过场，而且卢元庆对派下来的人吃喝拉拢，到后来卢元庆报什么数字，他们点个头就行了！所以，数字到了上面就是以卢元庆提供的材料为准。”承办检察官向笔者解释这一令人不解的现象。

笔者随即又产生了新的疑惑，卢元庆在办理集体土地使用证时涉及上百个企业、一百多人，又捅了那么多娄子，怎么就没人举报、没人阻止、没人发难？为什么村民对卢元庆在眼皮底下的所作所为都没有察觉呢？

这场补办集体土地使用证的风潮，使乡镇企业老板踏破了土管所的门槛。但补办手续的烦琐、冗杂又使他们望而却步。W区国土局公示的流程图上七八道程序，涉及六七个部门，顺利办结至少需要半年时间。

很多企业老板纷纷打听，怎么才能省点劲把这个证给办下来，他们最终碰上了卢元庆这么个“朋友人”。老板们甚至庆幸：还好厂子办在F区，去了其他地方，那还不把人烦死！于是，一个个为了自己私利着想，只要卢元庆能把证办来就行，至于怎么办，他们不管！

承办检察官说：“老板们只要办好证，其他都懒得管，就算卢元庆背地里搞掉一点钱，他们也无所谓，办事哪能不给点花头呢！所以，他们不管有意无意，根本就不要发票。村民们就更搞不清楚了，企业付给他们的租金反正一文不少，什么使用权、所有权，他们根本就搞不明白！”

可最终，偷鸡不成蚀把米，老板们还是得将欠国家的钱一分一厘算清了补交上去。

然而，对这些企业似乎又不能过多地苛责，“便民工程、阳光行政”的口号喊了多年，这个老大难的问题如今又浮出了水面：仍然是办事难，难了就要找人，找人就要给钱，如此形成怪圈。

承办检察官说，通过办理卢元庆渎职案，发现掌握实权的小公务员的滥用职权呈高发态势，亟须关注。

（文中涉案人物均系化名）

观察

一、渎职土壤促成渎职平台

在F镇，存在着让卢元庆滥用职权的土壤，存在着一个客观上的渎职平台。这个渎职平台由三方面构成：一是人员数量少，素质差。基层土管所人手紧张已是当下普遍存在的现象，在土地开发浪潮的席卷下，一浪高过一浪涌来的业务量，必然会让这一现象更加严峻。在精简政府机构、控制公务员人数的大背景下，缺编的情况一时很难解决。基层土管所也就无法通过公务员考试这种形式，层层严格把关，遴选出真正适合的人才，只能延续外聘这种传统用人方式，引进土管工作人员。因此，人员素质的继续失控就是一个无法回避的现实。人手少、素质差，类似卢元庆这样的罪案，当然无法避免。

二是监管缺失。在卢元庆的乱作为中，上级主管部门的管理形同虚设。无论是 W 区国土资源局还是 F 镇土管所，都对眼皮底下发生的事情漠不关心。

同时，在现行制度中，并未明文规定履行土管职责时，应由两人以上共同办理，也未明确上下工序的制约。管理上糊里糊涂，制度上漏洞百出，使得卢元庆轻易得逞。在这样监管真空的状态下，不出事倒不正常了。

三是渎职土壤。F 区那些毫无是非原则的企业老板们是卢元庆滥用职权的一个肥沃土壤，客观上成为合谋、帮凶。他们对法律、法规没有一点敬畏，脑里也压根儿没有国家制度这根弦，一己私利是他们所有行为的准则。在卢元庆案件中，他们有的规避了税费，有的少缴了费用，有的弄虚作假，也有许多被卢元庆坑蒙拐骗后还在帮他数钱。这上百个企业老板，要么图省事，要么图省钱，谁都不去深究卢元庆的所作所为。没有一个人对这样公开的作弊表示反对，只一味按潜规则办事。

当然，在主管部门尚且不管的情形下，要求他们有多高的觉悟有点苛刻，但公民的法律意识、规则意识集体失语，让人惊出一身冷汗。

有了这样一个渎职的平台，一幕幕渎职犯罪便可轻易上演。

二、用法律武器驱散“蛀虫”，全力捍卫土地尊严

随着市场经济时代的到来，跨入 21 世纪的东方雄狮再度唤醒了沉睡的土地，一浪高过一浪的“圈地运动”使人们对土地价值的认识比以往任何时候都要深刻，“寸土寸金”成为这个时代的流行语。

卢元庆疯狂作案的四年，正是土地市场全面开放，土地开发利用在混乱中进入高潮的特殊时期。一个基层的土管员，竟能“指点江山”，略施小计，就将大片国土纳入私人腰包，推而广之，还有多少广袤的国土在不知不觉中被划出国家的经济版图？如今在许多地方，水土并未流失，国土却在悄然“沦丧”，这绝不是危言耸听。

卢元庆案件折射出各地普遍存在的土地利用总体规划流程的繁复，与现实快捷工作的需要存在的矛盾，以及在这种矛盾掩盖下规避法律法规的行为和监督失范，这个案件是当前层出不穷的国土腐败的一个缩影。

现行土地管理制度存在的漏洞，为国土系统职务犯罪提供了空间。在现行土地管理法规中，对土地征用的范例、征用土地的价格、土地补偿费的标准等仅作了原则性规定，各地的实施细则不够详尽完备。在卢元庆一案中，W 区出台的新政就被人钻了空子——大批已经征地、正在征地的乡镇、企业蜂拥进国土部门，都想赶在额外收费之前，办好集体土地使用证。这样，在处理具体的土地事务中，各级政府便对土地拥有很大的出让权、定价权，而有关的决策人员、经办人员也拥有很大的自主决定权，公共权力存在很大的寻租空间。土地一旦被使用权人改变用途，或直接进入二级市场，其价值将远远高于原始征用费用，两者之间存在着巨大的利润空间。权力的过分集中，便为卢元庆之流以权谋私提供了条件。

土地市场的混乱，已经毁掉并将继续腐蚀一批又一批的国家干部，而最为危险的是它破坏了社会的稳定和经济运行的安全。一方面，耕地不断流失，使我国人多地少的国情更为严峻，农业生产受到严重威胁。另一方面，由于缺乏必要的监督、制约措施，现在不少用地单位，将划拨土地到手后立即改变用途，以低成本运作大项目，有的开发商以建设经济适用房的名义拿到无偿划拨的土地，房子在卖的时候却摇身一变成了商品房，百姓没有受益，国有土地资产收益流入个别开发商的腰包。在暴利驱使下，商品房价格扶摇直上，百姓的消费安全指数日益下降，很多人对政府管理调控信心不足，社会矛盾日趋激化。

庄严国土上的裂痕在不断扩大、加深，国土资源告急的“狼烟”一遍遍升起。中央开始不断出台新政，土地市场也在各种矛盾的碰撞中不断趋向规范。然而，地方政府管地的实质没有改变，官员以地生财的理念，在短时期内也不会消弭。

针对土地领域的职务犯罪、商业贿赂案件高发的现状，应当健全完善土地管理制度，对土地价格、补偿标准程序等作进一步的规定，减少因法律法规和政策的缺失给土地管理工作带来的不规范操作空间；完善监督机制，加强监管力度，尤其要对有审批权的重要部门、关键人员加强监督制约；制定针对性强和操作性强的细则，对土地征用、转让、补偿等事务以及相应的审批程序都要公开，增强土地使用的透明度。同时，尽快完善土地配置市场化改革方案，让开发商不找官员找市场，杜绝未批先用、边批边用、越权批地、多头批地、化整为零、一地多嫁等规避法律法规的行为。

普天之下，国土有涯。然千里之堤，溃于蚁穴。能卖的土地总有一天是会卖光的。照着卢元庆这样的作为败下去，国人迟早将无立锥之地。如果再不能拿起法律武器驱散“蛀虫”，全力捍卫土地的尊严，将来我们的子孙后代会住到哪里？又将靠什么吃饭？

18

劳动局陷入腐败旋涡：国有资产监管迫在眉睫

导言

在C市，有座造价1.03亿元、高13层的多功能综合型大楼，叫作C大厦。C市人都知道，这里名为C市劳动局退休职工活动中心，其实就是个集餐饮、客房、商务、休闲为一体的场所。C市人也知道，这座大厦真正的主人是C市劳动局，但老板却是建筑商叶大康。

C市百姓不知道的是，围绕这座大楼，C市劳动局原局长罗常宁上演了多少罪恶的权钱交易。

一座“C大厦”，隐藏着一众贪官的罪恶

C市人民检察院接到举报：C市政协原秘书长罗常宁在任C市劳动局局长期间有严重腐败问题。

C市检察院作出了两个判断：其一，此封举报虽非实名，但对罗常宁的几笔贿赂都有精确描述，甚至连转账的凭证账号都标注得十分详尽，可信度很大。其二，罗常宁做了十年市劳动局一把手，此后又调任市政协秘书长，关系很深，盘根错节。

检察机关决定先在外围调查，获取信息，寻找突破口。

罗常宁在C市知名度很高，稍一了解，就获知此人因生活作风传出过很多

笑话。虽然此事只关风月，但深入了解却发现了有价值的线索。

C 市市政府曾要求劳动局把失业保险结余部分用于扶助困难企业，罗常宁曾把100多万元补贴给了国棉七厂。此时，国棉七厂正在开发住宅楼。作为回报，罗常宁要求该厂将一套住房打折卖给他的一个女相好刘丽，国棉七厂还额外补贴了 4.7 万元给刘丽用于购房。

腐败的生活需要金钱支撑，不正当的男女关系常常伴随以权谋私。检察官在不断搜集线索中等待机会。

很快，一条极不寻常的信息引起了高度关注。

C 市劳动局投资 1.03 亿元建设 C 市退休职工活动中心，由 C 市龙晶公司代建，C 市商人叶大康承建。C 市劳动局专门成立了 C 经济发展中心（以下简称 C 中心）对退休职工活动中心进行管理。

退休职工活动中心高13层、建筑面积达1.85万平方米，对外称为“C大厦”，是个集餐饮、客房、商务、休闲为一体的多功能综合型大楼。

奇怪的是，这样一个大规模的活动中心，罗常宁竟然下令聘用建筑商叶大康为总经理，并让其承包。

叶大康今年 54 岁，C 市本地人，原是 C 市第一建筑公司的项目经理。

检察官还了解到：劳动局内部人员想到 C 中心做管理，罗常宁断然拒绝；叶大康承包以来，从没缴齐过承包费。某年应缴 180 万元，他拼拼凑凑只缴了 80 万元，竟也无人追究。

叶大康被罗常宁如此庇护，两人到底是什么关系？种种迹象表明：叶大康和罗常宁之间有猫腻。

检察官多次装扮成商人和 C 大厦工作人员闲聊，意外获悉，叶大康近来很郁闷。

原来，C 中心财务部原负责人王斌曾挪用单位 5 万元公款，后来躲到 S 市做生意，叶大康十分恼怒，多次带着法律顾问去和王斌谈判。

C 中心的工作人员曾听到两人发生过激烈争吵。叶大康扬言要报案，王斌激动地吼道："你搞我坐五年牢，我就搞你十年！"此话一出，叶大康顿时默默无言。

案件的突破口就在王斌身上。王斌肯定掌握了叶大康的把柄，否则他挪用公款，叶大康凭什么不理直气壮去报案，反倒忍气吞声做缩头乌龟？

一个新的侦查思路确定下来：只要突破了王斌，就能顺势摸到叶大康，解决了叶大康就不信还跑得了罗常宁。

案件的进程开始提速。

贪官露头，全线收网

检察官来到 S 市，以谈生意为名，将王斌约至茶楼。

下午三时，王斌一出现，检察官迅速出示了工作证、传唤证："知道 C 市检察机关为什么找你吗？"王斌慌乱中猛然惊醒："我有罪，这么多年了，还是没逃掉！"

来到 C 市检察院，王斌迅速交代了自己挪用 C 中心 5 万元公款的犯罪事实。

随即，侦查员将询问的矛头直指 C 中心和叶大康。

王斌为争取宽大处理，爽快交代，叶大康曾经他之手挪用了 52 万多元公款用于炒股，并强调叶大康和 C 市劳动局高层关系极其密切，尤其是与"一把手"罗常宁关系非同一般。

案件的进程和预判的情况一模一样。

拿到了叶大康的软肋，侦查员迅速将其传唤到案。

刚开始，叶大康态度恶劣，顾左右而言他，可当检察官嘴中不断蹦出"王斌""挪用""52 万元"等字眼时，叶大康浑身发抖。

C 市检察院同时组织司法会计对 C 中心及叶大康的相关企业账目细致审查。一桩桩证据面前，叶大康无路可退。

叶大康竹筒倒豆子般说出了一连串受贿人的名单：局长罗常宁 8 万元、副局长施远东28万元、劳动就业管理处处长毛国庆9.7万元。

案件取得突破性进展。

叶大康的交代让检察官很是兴奋，这宗追踪了几年的腐败大案即将告破。

罗常宁、施远东、毛国庆这三人均与叶大康有着千丝万缕的联系，纽带就是C中心，只要有一人率先突破，其余两人将就势拿下。

可先选择谁呢？

经反复斟酌，检察官的目光集中到了毛国庆身上。

毛国庆，今年69岁，案发时已退休在家，但他和罗常宁的关系着实不一般。

罗常宁曾将劳动局劳动就业管理处的资金私下拆借给C市一家建筑公司，未能归还。后罗常宁将责任推到了毛国庆身上，毛国庆接受了党内严重警告处分。但他默默承受，并未声张。罗常宁大加赞赏，对毛国庆也格外关照，劳动就业管理处处长的职位让他一直干到退休。

检察官认为，毛国庆既然是罗常宁的“死忠”，就必然清楚他的很多秘密。

果然，毛国庆本已停船靠岸，却突遭调查，悔恨交加。他口中最为痛恨的人竟然就是叶大康。

原来，自叶大康入主C中心后，又开办了一家劳动服务公司，经常向毛国庆提出他的公司要办转岗培训班，申请转岗培训费，每次开口都要10万元。毛国庆知道，叶大康申请的数额里头水分太大，虚报的人员名额太多，但罗常宁、施远东反复和他打招呼，他只得照办。

叶大康得了实利，也看得清形势，于是，陆续送给毛国庆9.7万元。

据毛国庆交代，叶大康曾多次为了减免承包费向罗常宁、施远东行贿，也正是由于两位局长的施压，他才着了叶大康的道儿。

案件侦查至此，罗常宁、施远东罪无可逃。

C市人民检察院以涉嫌受贿罪对罗常宁、施远东立案侦查。

面对62岁的罗常宁，检察官的讯问直截了当，没有过多的开场白，只把叶大康、毛国庆陈述的材料和相关证据往桌上一放。罗常宁顿时汗流满面，眼睛则从黑边眼镜下沿四处乱瞄。沉默的时间一分一秒过去，罗常宁长叹一声，大势已去。

罗常宁曾在市委组织部干过 6 年，在劳动局资格也老，自认为方方面面的关系十分过硬。当了十几年局长，只手遮天，向来都是“一言堂”。

“缺乏监督的时间长了，自己想怎么样就怎么样，收钱办事就成了必然。胆子大了，又没人管，就越收越多！”罗常宁坦言。

叶大康通过罗常宁的亲戚与之结识，当时，C 中心项目即将上马，叶大康想做承建商。头次见面，叶大康就送给罗常宁一台“PHLIP”笔记本电脑，这在当时可是极稀罕的物件，价值 2 万元。罗常宁觉得叶大康出手大方，人也爽气，很是欣赏。此后，罗常宁不仅安排 C 中心工程由叶大康承建，还将他任命为该中心总经理，让其承包。

此后，叶大康共送给罗常宁 5 万元，罗常宁都是来者不拒。

正如罗常宁自己所言，没人管了，胆子大了，他的确什么钱都敢拿，也什么事都敢做。罗常宁交代了除了叶大康之外的一系列大宗受贿。

在收受了 C 市龙晶公司所送的 17 万元贿款后，罗常宁同意 C 中心以 300 万元的代价让其代建。

罗常宁在收了 C 市华东建筑装潢工作公司老总 5 万元人民币、1000 元美金后，竟然大笔一挥，直接以劳动局的名义出借给对方 50 万元公款。这笔款项至今还是空头借据一张，无法追回。

检察机关现已查明，罗常宁在任劳动局长期间，在为下属单位工程发包、管理下属事业单位对外借款发放、发放转岗转业培训费等过程中，为他人谋取利益，收受人民币 37.9 万元，港币 1.8 万元，美金 5000 元。

罗常宁一人腐败，带动下头一批贪官上蹿下跳。

客观地说，施远东是在罗常宁的“上压”和叶大康的“软攻”两面夹击下落的水。

C 市劳动局曾有个副局长资格也很老，看不惯罗常宁的嚣张跋扈，始终坚持自己的立场，结果被罗常宁排挤到一个二级局去做局长。

因此，施远东深知罗常宁不能得罪，作为分管 C 中心的副局长，几乎天天要和叶大康打交道，叶大康和罗常宁的关系他自然清楚。

自从叶大康不按时按标准支付承包费后，就一个劲儿和施远东这个分管领导套近乎，甚至施远东的母亲生病他也凑过去探望。施远东深知，罗常宁对叶大康是否足额缴纳承包费根本就不上心，自然乐得做个人情。

几年下来，叶大康时常短欠 C 大厦的承包款，为了感谢分管领导的不追不问，叶大康总计送给施远东 18 万元人民币。

毛国庆退休后，郑小刚继任，这位实权处长步两位局长和前任处长的后尘，利用职权收受他人贿赂人民币 7.4 万元、美金 500 元、港币 5000 元。

至此，C 市劳动局两个局长、两个处长的腐败罪行，被检察机关一一清算。

法院一审认定罗常宁受贿 42.9 万元、港币 1.8 万元、美金 5000 元、价值人民币 1.98 万元的“PHLIP”电脑一台、“SHARP”摄像机一台，以受贿罪判处其有期徒刑 10 年；认定施远东受贿 18 万元，以受贿罪判处其有期徒刑 10 年；认定毛国庆受贿 9.29 万元，以受贿罪判处其有期徒刑 6 年；认定郑小刚受贿 7.4 万元、美金 500 元、港币 5000 元，以受贿罪判处其有期徒刑 3 年，缓刑 5 年；认定叶大康挪用公款 52.98 万元，以挪用公款罪判处其有期徒刑 3 年，缓刑 5 年。

王斌因有重大检举立功表现，且挪用数额不大，并已全部归还，不作犯罪处理。

“应当说，突破口的正确选择、侦讯手段运用得当，是罗常宁案得以成功侦破的关键，”承办检察官说，“罗常宁任劳动局局长十多年，坊间各种传闻很多。但案件的侦查，不能听信传言，必须不断扩大初查面。这个案件 10 余名检察官累计加班 300 余天，不放过一处疑点，不漏过一丝线索，用铁的证据保障了案件成功侦破。”

检察官强调，检察机关办理罗常宁系列窝案，为保障国有资产不受侵犯清除了蛀虫，并针对资产管理中出现的漏洞提出了整改意见，有力推动了该单位各项社会事业的蓬勃发展。

（文中涉案人物均系化名）

———— 观察 ————

国有资产管理漏洞频出

国有资产是法律上确定为国家所有，并能为国家提供经济和社会效益的各种经济资源的总和。

C 市劳动局投资创建的 C 大厦，且不论其单位属性，不管是属于事业单位，还是“三产”，其国有资产的属性是毫无疑问的。既然是国家所有的财产，就必须依法经营使用，并且要为国有资产实现保值增值。

罗常宁腐败案中暴露了一系列尖锐矛盾的问题：政企分离不彻底、资产流失严重、监督管理滞后。

政企分离不彻底的典型就是不少资产游离于非经营与经营性之间，导致资产账目不清。劳动局的资产应当是服务局机关、服务相关管理职能，却交由私人承包，成为经营性资产。作为经营性资产理当按照市场规律办事，该缴费就缴费，该纳税就纳税，却又在行政领导的指令下，屡屡免除缴费义务。这就是政企分离不彻底带来的恶果。

由于历史沿革，在体制改革过程中，错综复杂，权责不清，管理无法深入到位，使许多资产无法定性。资产管理范畴存疑，造成产权约束机制不健全，粗放经营、暗箱操作、审批不全、监管不力、低价出租等现象比较严重，导致资产大量流失，变成以权谋私的高危地带。叶大康通过行贿，获得了局领导的关照，使国有资产在暗中流失。这一现象绝不是个案。

法律法规落后于经济形态的变化发展。粗放式的管理方式使责权划分不明确，国有资产管理难以用科学严谨的方法来监督。制度的滞后，成为国有资产监管的“瓶颈”，部门间交叉却未能无缝对接，权责不明。内部监督上，行政作风浓厚，“一把手”拍板，监督制约形同虚设。外部监督上，走形式，走过场，无法真正起到作用。

因此，要健全、完善职权明确、相互协调、相互制约的资产管理工作体制，要将国有资产监管责任落实到位，落实到部门、岗位、人员。建立、健全国有资产责任追究制度，对侵占、违规操作严肃处理，涉嫌犯罪的移交司法机关。建立清晰的资产台账，如实登记和反映相关信息。明确资产的所有者和经营者之间的责权利关系，合理兼顾各方利益。既要实现最大限度的增值，又要保证国有资产权益不受侵害，以此为前提，保障经营者的合法权益，力求双赢。

在监管上要结合国家相关政策及法律法规，实行规范化操作。除依靠外部审计外，还要加强内部审计力度及其独立性。要建立健全各项规章制度，对国有资产专项登记管理、专项考核，防止资产流失，堵塞漏洞。

笔者认为，当务之急是引入独立的第三方评估机构，进行有效监督。资产评估应由法律认可、国资管理部门认可、不受其他因素影响的独立第三方机构进行，以此促使国有资产监管走上系统化、规范化、法制化的管理轨道。

19

专项资金突现黑洞：财务审计腐败恶果频发

导言

600 万国企改革专项资金惨遭损失，600 多名工厂职工无法安置！

Z 市轻工资产经营有限公司财务处原审计部部长王武高玩忽职守，国企改制突现巨大资金黑洞。

审计部部长玩忽职守，“国资黑洞”突现

《Z 市关于深化国有企业改革的若干意见》及先后出台的近 20 个配套文件，拉开了国有企业改革的序幕。

国企改革的关键，是人。

在 Z 市，需置换身份的职工近 4.6 万人，需破产分流的职工有 1.7 万人，还有万名下岗职工需安置就业。

为此，Z 市政府建立“国企改革资金专户”，解决人员安置和相关费用清缴，单每年下拨的企业职工解困金就达 7000 万元。

Z 市国企改革进入了攻坚阶段，Z 市塑料五厂的部分职工却来到市政府、医保局等单位频繁上访，反映医保断了，养老保险没了，安置费看不到踪影了……600 多名企业职工焦虑不已。

国企改革，全市一盘棋。

怎么单是塑料五厂出现异常？

究竟是哪儿出了问题？！

塑料五厂的厂长名叫骆强，供销员出身，长得五大三粗，要是不端坐在厂长办公室，常被人误以为是个街头混混。

关于骆强有很多段子流传甚广。

某日，有客户开着奔驰车来厂里洽谈业务，骆强远远看着“大奔”奔驰而来，站在二楼就眯缝着眼瞅着，等到客户上了楼，他忽然大喊一声：“有钱啊，了不起，开个价，我把你的车买咯！”弄得客户一愣一愣的：“这人没病吧！”

当地人称骆强“甩子”，由此可见一斑。

骆强看上去粗枝大叶，内里却十分细腻，从他在主管单位里的好人缘，就可以看出此人心机深沉。

塑料五厂是Z市轻工局下属的50多家集体企业之一。在计划经济时代，划定多少拨款、预留多少利润都得主管单位说了算。会哭的孩子有奶吃，因此，骆强充分发挥了供销员出身的优势，请有关人员钓个鱼，发个购物卡，甚至送上部手机，一来二去，人缘就处了出来，跟轻工局的财务处处长王武高，关系处得尤其铁。

47岁的王武高是正科级企业干部，20世纪80年代的财会生，参加工作第一天就进入了Z市轻工局财务科工作，是个地道的老财务，同时他还兼任轻工会计协会秘书。王武高身材颀长，文质彬彬，和矮胖、粗鄙的骆强简直是两路人。

真是应了那句西谚：“没有永远的敌人，只有永远的利益。”话不投机，性格不合，都敌不过利益在前。

既然在轻工系统，拨款、审计又都得靠财务处，王武高便进入了骆强的视线，购物卡、汽油卡，小恩小惠地打发打发，不知不觉中，王武高进入了骆强的圈子。

Z市国企改革持续深入，轻工局改制为轻工资产经营有限公司（以下简称轻工资产公司）后，王武高仍然是骆强的财神爷。

轻工资产公司是个过渡性质的机构，主要任务就是在Z市工业改革办公室领导下，对轻工系统的企业进行改革，负责市政府授权范围内国有资产的经营、管理、收益、处置。说白了，既是轻工系统国有资产的运营方，也是管理方。设立这个公司的目的就是进行国企改制、重组，负责改革专项资金的管理、使用。

王武高此时身为轻工资产公司财务处审计部主任兼改革办公室副主任，肩负两个职能，让轻工系统的五十多家集体企业负责人趋之若鹜。

其一，王武高身为轻工资产公司干部，常常参与旗下企业的破产重组，有时亲自担任破产清算组组长。在破产清算过程中，一个变卖，一个拍卖，一字之差，就会天差地别。一块地就地变卖也许只值个几十万元，要是挂牌拍卖这价值可就难以预计。哪家国企在破产清算时不想多捞点家底儿呢?

其二，按照Z市国企改革的规定，轻工资产公司代表政府对企业进行改制。破产安置费用主要来自企业自有资产，如果不够数，则由政府下拨的企业改革专项资金兜底。这项工作由轻工资产公司的财务审计部门和企业改革办公室具体负责，王武高身跨两个部门，自然起到了承上启下的关键作用。

骆强与王武高处下的亲密关系开始发酵，并在此后捅出了一个天大的窟窿。

关键岗位敷衍塞责，千万国有资金打了水漂

骆强在社会上摸爬滚打多年，钱没少赚，却沾上了赌博的恶习。

从陪客户应酬，几百、几千的小打小闹，发展至十几二十万地往里砸，再到四处筹钱还赌债，直至欠下了一屁股高利贷，杀红了眼地想翻本，也就是短短一两年的工夫。

恰恰在骆强为赌疯狂的时候，Z市轻工系统的国企改制进入关键阶段。

Z市J区法院宣告塑料五厂进入破产清算程序，与此同时，塑料五厂位于Z市的几千平方米厂房面临拆迁，将拿到1500万元拆迁补偿款。

按照破产清算小组的清算报告，塑料五厂安置完所有职工需要资金1661万

元。扣除 1500 万元拆迁补偿款，塑料五厂完成破产改制只需要再申请 161 万元改革专项资金即可。

但是，骆强打着自己的鬼主意。他隐瞒了拆迁补偿款的进账，仍然坚持向轻工资产公司打报告申请改革专项资金 840 万元。

Z 市的各家国企都在申报改革专项资金安置职工，骆强的上报申请，在轻工系统内只是五十多个申报计划之一。

王武高收到了骆强的申请报告，心里根本没把这事当作一项需要认真调查、审计的工作，而是觉得这是朋友之间的交情，更应该尽快审批。于是，王武高对改革专项资金的使用计划根本未予审核，也未向领导汇报。骆强的报告一路绿灯，上报获批后，王武高从轻工资产公司下拨了 840 万元改革专项资金给了骆强。

而骆强拿到这笔钱之后，根本没有用于安置职工，而是 54 次往返澳门赌场，总共挪用了塑料五厂自有资金与改革专项资金共计 1800 万元，其中 1600 万元输得底儿朝天。

骆强一面疯狂赌博，资金缺口越赌越大，一面用欺上瞒下的伎俩忽悠职工。当职工有意见、有情绪，准备上访时，骆强就放出点工资，每人三百、五百地凑合，以此来混淆视听。

为了应付职工们愤怒、焦虑的情绪，骆强唯一一笔正常的支出是从 840 万元改革专项资金中，拨付了 213 万余元到了 Z 市职工医保基金管理中心账户上，暂时浇灭了一下职工的怒火。

可纸里终究包不住火。

骆强挖的大窟窿再也瞒不住了，他索性变卖家产，悄悄潜逃至澳大利亚。

在塑料五厂职工不断上访后，Z 市政府赫然发现企业改革专项资金出现了巨大资金黑洞。

公安机关迅速出动。

很快，骆强从澳大利亚回国时，被 Z 市公安局经侦支队民警抓获。

骆强身为集体企业管理人员，侵占单位资金 49 万元，挪用资金 1800 万元的犯罪事实被查清。

与此同时，与骆强过从甚密的王武高也进入了检察机关的视线。

王武高是轻工资产公司正科级企业干部，他有无从中获益呢？

王武高的身份是国家工作人员，其涉嫌职务犯罪应归检察机关管辖。

王武高在国企改制的特殊时期，成为轻工系统众多企业的攻关对象。“想浑水摸鱼，过了这个村就怕没这个店。”王武高说。

于是，王武高利用他的职务便利，在下属企业破产清算、设备拍卖变现、厂房变卖等过程中，收受轻工系统十多家企业的贿赂，总共 49 万余元。

这些受贿得来的钱，王武高又凑上了 60 万元，统统用于在 Z 市郊区购买了一套 200 多平方米的跃层小楼。为了装修，王武高还从轻工资产公司账上挪用了 9 万元公款。

Z 市 J 区人民检察院以涉嫌受贿罪对王武高立案侦查。

随后，王武高以受贿罪、挪用公款罪被判处有期徒刑 9 年。骆强以职务侵占罪、挪用资金罪被判处有期徒刑 14 年。

清查余罪，一追到底

骆强、王武高虽已被定罪科刑，可造成的资金黑洞却无法填平。Z 市政府下拨的改革专项资金，分文没有用到塑料五厂职工身上。而要解决职工的安置问题，市政府势必再次重复下拨改革专项资金，使原本就紧张的改革资金越发雪上加霜。

在 Z 市市委组织的干部廉政专题会议上，分管政法的市领导反复强调，轻工资产公司的改革专项资金的黑洞背后，有没有渎职犯罪？有没有人应该负责？这是个亟待解开的谜团。

检察官认为这里头疑点重重：骆强挪用资金案已尘埃落定，他不仅挪用了厂里的自有资金，还花光了600万元改革专项资金，为何一个普通厂长就能轻易动用职工的“保命钱”？轻工资产公司作为国企改制的领导机关，对改革专项资金有无尽到管理、使用、审核的义务？

这些疑问始终萦绕在检察官的脑海里。

余罪必须深究，除恶必须务尽。

“首先，我们要摸清拨付改革专项资金，究竟需要通过什么程序。”承办检察官说，“Z市市政府为了推进国企改制，组建了九大资产经营公司，轻工资产公司只是其中一家，改革专项资金的拨付程序几乎是一模一样的。”

Z市电子资产经营公司资产处处长向检察官证实，在电子系统的国企改制中，所有的企业改革专项资金全部由资产经营公司的财务审计部门管理，必须进行事前计划、事中审核、事后监督。

而检察官在轻工资产公司的档案室内，只找到了一份骆强上报申请840万元企业改革专项资金的计划书，可资金究竟是如何使用的，连一份职工领款清单都没有，社保、医保机构的收据也没有。相当于钱拨出去后，就像断了线的风筝，连个影子都没了。

仅靠骆强的一份申请用款计划书，就下拨了资金，这钱来得也太容易了吧！

检察官在塑料五厂的仓库里翻出了一批批陈年旧账。三天三夜的不眠不休，理出的头绪让检察官震惊。

在塑料五厂改制清算期间，所有的应收款都应加盖“破产清算组”公章，可在840万元资金分22笔拨付的过程中，加盖的竟然全是塑料五厂的公章，这个公章唯一的使用人正是骆强。

按照规定，改革专项资金需要支付养老、医保的应直接转账至社会保险中心，需要使用现金的应该交给清算组。可所有的款项，也均交给了骆强，严重违反了改制资金的使用规定。

22笔拨付款项过程中，5笔开的是汇票，17笔开的是现金支票，居然所有的票据都没有填写收款人，这是严重违反财务管理制度，违反票据法的行为，造成的恶劣后果就是骆强可以通过任何方式随意支取款项。

调查至此，检察官已可以断定，骆强之所以能轻易支取资金，正是得益于一团乱麻般的财务管理。

而这财务管理的负责人正是轻工资产公司财务处审计部部长王武高。

侦查继续深入。

轻工资产公司规定，企业改革专项资金的申请、使用由改革办负责，支付资金由财务审计部负责。王武高既是改革办负责人，又是财务部负责人，因此，所有涉及改革专项资金的事务均由王武高一人承办。

而且，改革专项资金账户根本没有设立出纳、记账、审批人员，所有的资金流向均由王武高一人说了算。

改革专项资金放在集体工业联社的账户上，集体工业联社是 Z 市轻工局的财政专户，王武高任轻工局财务处处长时就由他管理。王武高调任到轻工资产公司后，集体工业联社账户一并带到了新的单位，因此，换汤不换药，这个账户仍然由王武高一人管理。

正是由于王武高的一系列敷衍塞责的糊涂行为，给骆强挪用改革专项资金创造了机会。

J 区人民检察院提请 Z 市人民检察院商请 J 省监狱管理局，将已在服刑的王武高从监狱押解至 Z 市看守所羁押。

王武高面对检察官的讯问，始终辩称，改革专项资金是按规定下拨的，资金是骆强挥霍的，造成的损失与他无关。

检察官向他出示了改革专项资金下拨的全部合法流程，以及经他之手开出去的 22 张“无头票据”，王武高作为一名资深的老财务，已无抵赖的余地。

王武高承认：“我太信任骆强了，以为他是塑料五厂留守人员，把钱交给他，他会用来安置职工，所以，从审批立项到拨款，我都没有履行合法手续。事前没有计划，事中违反财务规定，开票不填收款人，款项下拨后，没有使用明细，没有监督。”

王武高身为受国家机关委托代表国家行使职权的组织中从事公务的人员，因过于自信的过失，敷衍塞责，不认真履职，致使公共财产、国家和人民利益遭受重大损失。

J 区检察院以涉嫌玩忽职守罪对王武高立案侦查。

最终，王武高以玩忽职守罪被判处有期徒刑 6 个月，前罪、后罪合并执行有期徒刑 9 年。

（文中涉案人物均为化名）

———— 观察 ————

财政专项资金监管必须创新发展

其实，财政专项资金监管说了很多年，阳光财政的各项制度也实行了很多年，但是仍然挡不住王武高在这一关键岗位的失控带来的巨大损害。

任何一个岗位，无论是财务、审计还是监督，都难免因个人主观因素，产生失控的风险。制度的设计就应当假设在最坏的情形出现时，能够将风险或者损失降到最低。这才是风险控制与监督管理的意义所在。

虽然近年来我们国家在加强资金监管制度建设、着力打造阳光财政方面已取得了一定实效，制定了一系列制度措施，但可操作性不强：一是项目资金监管职能缺位，制度执行不力，监管措施不严；二是会计核算真实性审核监督缺位，无法对变通处理的支出进行有效监督；三是财政支付只进行了简单的业务支付流程，未对资金用途及挤占挪用专款的现象进行严格审核。

这三个问题在王武高腐败案中暴露无遗。

检察官开出了药方：第一，在国企改制过程中，改革专项资金必须通过清算组直接支付给职工，并且做好使用监督工作，确保专款专用；第二，完善财务管理制度，无论动用任何款项，均要做到出纳、记账、审批分工负责；第三，改革专项资金账户应由市政府牵头，统一扎口管理，杜绝专款他用。

司法机关惩治腐败，是事后监督。面对层出不穷的职务犯罪，除了未雨绸缪，加强预防，唯一能做的就是创新监督手段。

创新是一个自我发展、自我完善的过程，也是解决所有问题的必由之路。

20

拆迁办主任百万受贿：“字画腐败”成洗钱花招

导言

两幅仅值3000元的国画习作，N市X区X街道拆迁办副主任张炫却能卖出100万元的天价。不是他会忽悠，而是权钱交易有了新花头。张炫闷声发大财，绞尽脑汁，“创新”权钱交易方式，通过“卖画协议”受贿百万。

描绘这一级拆迁办主任的腐败轨迹，可以探寻权力监管缺位，“拆迁”部门产生腐败的根源。

街道拆迁办主任“贪画”落马

检察官终于从C房地产公司老总陆平家中找到了两幅卷轴国画:《喜虾》《妙笔生花》。

它们被摆在卧房僻静的五斗橱上，“噗”地用力一吹，灰尘四溢，迷了人的眼。

这两幅在N市X区X办事处副主任张炫嘴中价值连城、著名油画大师之“力作”，就这样在陆平家中静静躺了五年。要不是放得隐蔽，不招眼，陆平的老婆早就把它当废纸扔了。

“我们家陆平就从没收藏过什么画，他没这个爱好，音乐、美术，一个不沾边！”陆平的老婆气呼呼。

检察官糊涂了：这陆平一不懂画，二不藏画，可张炫却说这两幅画作价100

万元卖给了陆平?

询问中，陆平说向张炫行贿了100万元，可张炫却说这100万元是卖画的钱，还出具了一纸国画买卖协议。

两幅国画竟蹊跷地成为认定一起职务犯罪案件的关键证据。

N市人民检察院在对Z管理处土地规划建设处副处长崔得贵涉嫌受贿案的侦查过程中，意外从崔得贵处获悉，张炫曾在拆迁过程中收受了N体育学院的5万元“感谢费”。

检察官不动声色，外围一摸查，张炫此人不简单。

52岁的张炫原籍辽宁省，在部队服役11年后转业至X区政府工作，从1999年起，升任X街道办事处副主任（副处级），分管土地开发、旧城拆迁。

张炫在拆迁领域如鱼得水，什么钉子户、刺头户都摆得平。

其实，张炫的本事就是和一帮地痞流氓混在一起，凡是碰到麻烦户，先过去一批凶神恶煞的汉子，拆迁户往往出于胆怯而妥协。

在房地产热潮兴起时，拆迁管理本就不规范。照理说，街道办事处作为一级地方政府的派出机构根本不具备拆迁资格，可张炫却自恃有特殊的本事，亲自上手办。

张炫凭什么如此卖力地帮助房产公司拆迁，他在里头能得到什么好处?

检察官继续深入。

已经落网的崔得贵交代，张炫曾在帮助N体育学院征收某村土地的过程中收了5万元，这账是从他那儿走的。

N体育学院相关证人坦言，张炫在征地、修建围墙等方面出了大力，提出要点“奖励”。于是，N体育学院便根据他的要求以支付拆迁补偿费的名义将款转至Z管理处，后再转给了张炫。

N市人民检察院以张炫涉嫌受贿罪立案侦查。

面对检察官的突然讯问，张炫其实心中有数。崔得贵落马他早有耳闻，并不心慌，但听说C房地产公司的老总陆平也在协助调查委实让他心焦。慌乱之间他六神无主，忽然喊道："我没拿那100万元，没拿100万元啊！"

本是要继续夯实那5万元受贿的证据，却忽然冒出了100万元的事情，检察官们眼神一交流，立即调转"枪口"，向"100万元"开火。

张炫一不留神冒了口，追悔莫及。他反复狡辩，自己确实曾高价向陆平卖过两幅国画，所以一直有人议论纷纷。他以为检察机关找自己就是谈这事。这事是有买卖协议的，自己没有任何问题。

检察官转而向陆平核实。

陆平却道出了一个隐藏多年的重大秘密。

背后的腐败，画里的玄机

C房地产开发公司在X区L巷拆迁过程中，恰逢N市出台新的拆迁补偿标准。张炫故意向拆迁户隐瞒了新政策，帮陆平节约了180万元资金，还帮他拉来了600多万元的贷款。于是，张炫向陆平提出要100万元好处。张炫怕事后追究，强迫陆平签了一份国画买卖协议，分三次从陆平处拿走了这100万元。

"我从不收藏画，张炫就是变个法子跟我要钱，我掏了100万元拿回来这两个破玩意儿，一气之下就扔在五斗橱上了！"陆平很是愤愤。

检察官认为：首先，张炫所卖的两幅国画确是江苏一位知名画家的作品，但这位画家的专长是油画，这两幅国画只是平常练笔的习作，仅凭常识就可以断定，绝不可能值100万元。

其次，检察官了解到，张炫从小就爱好书画，他本人就是J省国画院的特聘画师，有专业资质鉴定证书。特聘画师不仅要懂画画，而且要会鉴定画。因此，张炫十分确切地清楚这两幅画的实际价值，

"真实的买卖关系必须遵循自愿、公平、诚实、等价等原则，张炫100万元卖给陆平两幅极其普通的国画，显然是为了掩饰自己利用职权为他人谋利的受贿行为。"承办检察官说，"必须对国画的价格作出权威鉴定，才能揭穿这一买

卖协议的真相。”

N 市物价局价格认定中心鉴定，两幅国画仅价值 3000 元。

3000 元和 100 万元，300 多倍的差价，只有疯子才会用 100 万元去买 3000 元的东西，张炫和陆平之间这纸荒唐的卖画协议绝对就是个障眼法。

检察官开始彻查张炫受贿 100 万元的走向。

X 街道办事处出纳会计证明，张炫在 L 巷南片拆迁结束后，为陆平开具费用收据，将其中 100 万元说成是 C 公司自行拆迁 6 户的费用，打入了总成本，后统一开具了总发票。陆平坦言，当时自己就和张炫说，钱可以拿，可必须计算入拆迁总成本内。张炫于是想办法进行了操作。

100 万元张炫肯定是想法子拿了，可如今这钱到底在哪儿呢?

检察官发现，张炫在被立案侦查前两天，有几通电话反复打往西安。

这是怎么回事?

原来，案发前张炫极度心虚，四处串供。他这电话是打给陕西某影视公司老总的，张炫在 100 万元到手后立即将其中 80 万元打到了该公司投资拍摄电视剧。

检察官赶赴西安获取了双方所签的《融资协议书》: 80 万元融资，利息 15%。

剩下的 20 万元，检察官在 N 市车管所找到了张炫受贿后购车的原始证据。

至此，张炫受贿 100 万元的来龙去脉终于分明。

机关算尽，聪明反被聪明误

另外，通过崔得贵走账的那 5 万元，张炫仍然矢口否认。

“不仅 100 万元动足脑筋，连 5 万元一笔钱，张炫都费尽心思，七弯八绕。”承办检察官说。

Z 管理处的账面反映，N 体育学院“感谢”张炫的 5 万元到账后，却以给“余辉树"等 4 个征地农民"青苗补偿费"的名义提走了。

崔得贵坦白，所谓"青苗补偿费"根本就不存在，是为了给张炫转账找的借口。张炫却说，自己没领这钱，上头四个签名也不是他的。

检察官通过笔迹鉴定，很快确认四个农民的签名均出自张炫之手。可如何将证据完全锁定，还得找到当事人才行。

检察官分析，张炫冒充的这四人均是来自四川的打工者，如今，也许还有人在 N 地区继续打工。

检察官通过艰苦摸查，在川籍打工者中发现一位名叫"余辉树"的人就在句容。随后，顺藤摸瓜，另外三人被一一找到，四人一致认定所有签名均系伪造，自己对所谓领取"青苗补偿费"毫不知情。

原来，这又是张炫玩的鬼把戏。

张炫在负责 X 地区拆迁工作时，手头存有一些不在本籍的拆迁补偿人员身份证复印件。于是，他冒用了其中 4 名川籍农民的身份和崔得贵炮制了一份虚假的"青苗补偿费"协议，随即自己签名取走了 N 体育学院打到 Z 管理处的 5 万元。

至此，自以为聪明的张炫通过一系列作假，妄图脱罪的真相水落石出。

张炫涉嫌受贿案在 N 市中级人民法院开庭。当庭，张炫继续抵赖，对那两幅国画的鉴定结果再次提出异议，大喊大叫："这是瞎鉴定！"

N 市中级人民法院委托 J 省物价局价格认定中心对该画重新鉴定，二次鉴定再次确认了 N 市物价局价格认定中心的鉴定结果。

N 市中级人民法院以张炫犯受贿罪，一审判处其有期徒刑 10 年 6 个月。

张炫不服一审判决，仍然坚称鉴定结果不合理，上诉至 J 省高级人民法院。

最终，国家发展和改革委员会价格认定中心出具了《复核裁定结论》：《喜虾》《妙笔生花》两幅国画习作价值为 3000 元人民币。

张炫最终无可抵赖。

J 省高级人民法院驳回了张炫上诉，维持原判。

“张炫的所谓卖画受贿，就是把行贿关系变成买卖关系，以合法形式掩盖非法目的。这是职务犯罪领域出现的新问题和新趋势，需要继续密切关注。”承办检察官说。

（文中涉案人物均为化名）

———— 观察 ————

需痛下决心，斩断贪腐黑手

洗钱（Money Laundering）是一种将非法所得合法化的行为，主要指将违法所得及其产生的收益，通过各种手段掩饰、隐瞒其来源和性质，使其在形式上合法化。

洗钱犯罪可以和绝大多数犯罪共生，是这些犯罪的下游犯罪。从司法角度来看，洗钱成为一种“犯罪屏障”，既妨害了司法活动，也助长犯罪分子的气焰，促使他们不断实施犯罪。从金融管理秩序来看，洗钱活动往往借助于合法的金融网络清洗大笔黑钱，这不仅侵害了金融管理秩序，而且严重破坏了公平竞争秩序，对正常、稳定的经济秩序带来负面影响。

当然，洗钱的最终目的就是隐藏资产来源。从这个角度来理解，张炫通过卖画的方式来掩盖自己贿赂犯罪所得，就是“洗钱”。

近年来曝光的贪官受贿方式种类繁多，有买卖交易、收受古董、字画、股票、期权等方式，但其目的都是掩盖受贿犯罪的本质。既管不住自己的贪念，又害怕司法机关的追究，于是，各种手段眼花缭乱，其实都是做贼心虚。

虽说万变不离其宗，再狡猾的兔子也逃不过好猎手，但从预防、惩治腐败的角度来看，这种贪腐手段的不断更迭，无疑增加了司法成本，加大了查办贪贿案件的难度，也难免会有腐败分子借机逃脱法网，或者成功降低对其实际贪贿数额的认定。

因此，我们不能将张炫受贿案当作一个奇闻，一笑了之，而是要将其纳入反腐败的大格局中去思考。如何才能减少乃至消除此类受贿方法对贪贿现象的推波助澜？如何才能斩断通过洗钱来行贪贿之实呢？

首先，贿赂犯罪是对合型犯罪，目前司法打击的重点仍然是对收受贿赂一方不断加大打击力度。如果能对行贿犯罪施以同样严厉的立法设置与司法政策，将有力震慑行贿犯罪。没有行贿，哪儿有受贿？

其次，反腐败是一个综合工程，单靠司法机关一家之力是无法实现的。如果陆平在转出 100 万元现金之时，金融监管机构要求转出方、转入方或者提取现金方，必须填写收款方的真实姓名、事由，甚至进行一定形式、一定程度的审查的话，那么，受贿人还敢堂而皇之地收受贿赂吗？

另外，如果公职人员的资产状况能够一一大白于天下，包括张炫对外进行的投资都需备案的话，他还敢如此嚣张地将贿赂款拿去参与经营吗？

其实，所有的办法只有一条：阳光才是真正的杀毒剂，只是需要真正地痛下决心罢了。

21

拆迁办集体落马：拆迁腐败促生“黑色行规”

导言

G 县拆迁办并不是一个永久性机构。近年来，G 县大力实施“以工立县、以港兴业、以城带农”，旧城改造如火如荼，拆迁工作面广量大，县政府为加强拆迁工作而专设了这么个临时性的办公机构。

在 G 县，拆迁办很特别，人员不多，主任不少；级别不高，权限不小。更让人意想不到的是，这么个小小的拆迁办，却在短短三年内，成了“全员腐败”、声名远扬的“拆迁腐败”标本。竟然制定“黑色行规”，明目张胆收受拆迁工程回扣，G 县拆迁办一正三副四个主任统统因“拆迁腐败”落马。

分片包干，各吃一块

小小的 G 县拆迁办有一正三副四个主任。一把手章立春全面负责。其余三个副主任将全县辖区划为三块，各管一块：李宏伟负责县城盐河以西新城区建设部分；徐阳负责县城盐河以东老城区改造部分；姚光进负责省、市、县重点工程项目拆迁管理。日后这四人的腐败也是“分片包干，各吃一块”。

人们常说，上梁不正下梁歪，G 县拆迁办腐败的病灶正是一把手章立春。

46 岁的章立春从农业学校毕业后，扎根农村，在 G 县农业局当了 4 年农业技术员，又在土地系统干了 12 年，一步步做到县政府办公室副主任，此后兼任

G 县拆迁办公室主任。

也许是二十年苦干终于熬出了头要有所补偿，也许是对这个肥缺觊觎已久，早有预期。几乎毫无过渡，章立春从坐上这把交椅的第一天起，就开始了他的腐败生涯。这生涯的第一步，就起于大肆吃请。

W 拆迁服务公司老板张强等一帮人，在 G 县最好的宾馆轮番宴请章立春，吃河豚、海鲜，喝五粮液、茅台，抽中华、苏烟，一顿吃请就五六千元。这在落后地区 G 县可是个骇人的数字。饭后，则继续在夜总会“鏖战”，小姐作陪，洋酒伺候，章立春天天纸醉金迷，乐不思蜀。

眼看关系日近，时机成熟，张强找上门来。

某年中秋，张强摸到章立春家里，几句寒暄，留下 1 万元现金作为“见面礼”。

这是章立春第一次受贿，可他并不紧张，甚至符合他的预期：“这和吃请一样，都是‘投桃报李’的道理，手上几个大工程等着发包。你送钱，我办事，很正常。”

于是，产业大道拆迁工程、行政中心拆迁工程陆续交到了张强手上。张强财源滚滚，又先后 11 次送给章立春 15.5 万元现金。这一次次毫无悬念的交易，不仅让章立春的钱袋一天天鼓胀，更让他一次次体验到了拆迁办主任的诸多美妙。久而久之，在 G 县，章立春受贿不加掩饰，拆迁办主任的大门向拆迁商敞开，几乎成了公开的秘密。

一把手章立春亲自开了个“好头”，二把手李宏伟紧随其后，不甘落后。

副主任李宏伟今年 47 岁，与章立春的经历十分相似，他也是历经二十年官场摸爬滚打，才当上了县建设局党委委员、纪委书记，紧接着，就调到了拆迁办，而且执掌全县三分之一疆域的拆迁大权。

李宏伟受贿在章立春之后。此前，他坚持了一年，也观望了一年。

章立春几乎明目张胆地吃喝腐败，他看在眼里，挣扎在心里，凭什么你捞我不捞，大家都是老资格！李宏伟再也坐不住了。

J 公司在李宏伟的地盘上拆迁，李宏伟大力支持，拆迁进行得十分顺利。公司老总张德全到他办公室送上一个红包，整整 2 万元，李宏伟没有推辞。之后，张德全又三次来到李宏伟办公室送钱，最后一次一下子就砸出了 5 万元，李宏伟照单全收，眼皮都没眨一下。

一二把手如此，其他两个副主任也是各显神通。

徐阳负责老城区改造，拆迁工程最多，单是县城的商城、广场等地块拆迁，就收受拆迁工程老板冯祥等人的贿赂 20.3 万元。

姚光进负责省、市、县重点工程项目拆迁，善于因地制宜，抓大放小。在重点工程上，他单是和“大客户”冯德的“经济交往”就达到了 14 万元。

公开制定“黑色行规”

四个主任各自在自己地盘建立起独立王国，彼此心照不宣。章立春毕竟是老大，负有总管的责任，他觉得应该有一套“长效利益共享机制”。

在章立春的运筹下，一套“黑色行规”应运而生。

第一条，针对拆迁公司。拆迁公司揽下工程后，在拿到工程款之前，对分管领导必须先奉送 20% 的回扣，不论这工程是谁拍板让其承接，否则就是“不懂规矩”，轻则工程款遥遥无期，重则永远被“逐出”市场。

第二条，针对普通拆迁户。无论假拆迁户想要浑水摸鱼，还是真拆迁户想要巧立名目，多得补偿款，款到之日，孝敬分管领导 20% 的回扣。

第三条，针对工程拆迁程序。一个动迁地块从开始动迁到最后结束，一般都要经过评估、动迁、拆除三个阶段。但 G 县拆迁办却自有一套自己的操作流程。他们把整体拆迁进行分拆，分别明码标价，不签合同，直接施工，各个标段分别提成。

“黑色行规”制定后，各个主任认真执行，绝不留情。拆迁商、拆迁户照章执行。

郭勤是新安镇沂河路地块的拆迁户，为了多得补偿，在拆迁前突击装修。

按照规定：突击装修的部分，不予补偿。可在笑纳郭勤送上的4600元后，李宏伟一个招呼，郭勤顺利拿到了突击装修部分的补偿款1.5万元。其后，郭勤又看上了一块8万元的安置宅基地，虽不合规定，但是20%的提成送到位后便合了“规矩”，李宏伟立即同意。

C公司经理韩明是执行“黑色行规”的模范，每次业务得款前都准时奉上20%的回扣，且十分精准，前后五笔业务送给章立春10.25万元。

倒行逆施“全员腐败”

在骇人听闻的“黑色行规”下，公开受贿的拆迁办主任们发了，而且，他们毫不避讳，个个买房置地、出手阔绰，俨然一副暴发户的派头。

李宏伟一次性将手头的闲钱50万元以3分利借给一个包工头。章立春更牛，在县城黄金地段购买了3套房子，其中一套240平方米的别墅总价达50余万元，单装修就轻松投入30万元，这对于平均工资只有两三千元的G县普通公务员来说是难以想象的。除此之外，章立春还以惊人的6分利一次性借出高利贷30万元。

G县拆迁办一窝贪官的倒行逆施引起了公愤，群众纷纷向检察机关举报。

检察机关展开秘密初查，在掌握了一些关键行贿人的具体行贿数额后果断出击，案件很快有了重大突破，“拆迁黑幕”被迅速揭开。检察机关对章立春等人以涉嫌受贿罪立案侦查。

检察机关秘密调取了几十名行贿人的大量证言，迅速将章立春等人的心理防线一一击破，这个倒行逆施的拆迁腐败集团彻底覆灭。

检察机关查明：章立春受贿人民币49.85万元、美元1000元、港币1万元、购物卡4500元；李宏伟受贿人民币37.8万元、购物卡1万元；徐阳受贿20.3万元。

G县人民法院以受贿罪判处章立春、李宏伟、徐阳有期徒刑11年、5年、5年。

姚光进与拆迁办另外3名办事员也被定罪科刑。

G县检察院针对县拆迁办存在的严重腐败问题，召开了专门的法制讲座，并发出检察建议：规范招投标管理，必须先签合同才能进场作业；建立健全外部监督程序，邀请社会各界人士对拆迁过程进行全程监督。

（文中涉案人物均为化名）

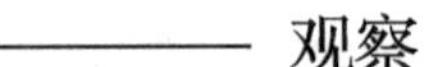

观察

探析基层“拆迁腐败”之根

中国城市化进程的发展已有三十余年，围绕拆迁发生的官员贪腐、群众上访时有发生。人们印象中的拆迁矛盾热点，往往是一些拆迁机构强拆、强迁之野蛮，以及补偿定性之纷争，更多是反映了“公权、私权对立”的矛盾关系。而G县的拆迁矛盾热点，却是腐败官员对当地拆迁市场的全面割据，对各种拆迁利益关系的全面盘剥，以及对现行拆迁法律规章的全盘抛弃。

首先，监督缺位，一切自己说了算。这就是G县拆迁办集体腐败的根本原因。

G县拆迁办作为一个临时机构，挂靠在当地城建部门，却由于行政从属关系不清，管理职能不明，人员多是从不同单位抽调组合而成，大多数人都有一种临时“捞一把”的观念。机构小，人员少，经济利益刺激又大，这些都极易使他们形成步调一致、利益共享的腐败关联，一旦内部先行失去监督，就必然会导致集体腐败。所以，首先就得避免拆迁办人员长期固守同一岗位，加强轮岗与对外交流，切实斩断形形色色的利益链条。

其次，行政规范化建设明显滞后。G县拆迁办集体腐败的滋生，源于许多外部监督缺失，而这些监督在大中城市的建设中已形成一定的规模和效应。譬如，政府领导及上级主管部门的监督考核，在G县，几乎就是形同虚设，除法定的招投标程序被公然抛弃，拆迁计划的公示、拆迁价格评估的市场化更是未有得见。拆迁工作是旧城变新的第一步，这第一关就乱作一团，很难想象后面的各类规划、建设、开发等程序会有条不紊，不出大问题。因此，参照大中城市拆迁发展的经验机制，基层拆迁机构必须结合自身实际一一执行，把行政行为彻底规范化。

最后，就是拆迁专项资金的预算监督。人大以及财政部门对拆迁资金的下拨、使用必须切实履行“看管”的职责。此外，《审计法》规定政府投资工程的资金使用应当经过审计，拆迁环节当然也不例外，许多大中城市已经启动对重大政府投资项目的全程跟踪审计，但在一些基层，却常常连事后的监督都没有。这显然是需要改进的。

在当下，基础设施建设是重中之重，基层出现的“拆迁腐败”现象必须高度重视，否则，“基础不牢，地动山摇”。城市建设的科学发展要求拆迁工作必须科学规划、科学管理、科学实施，对拆迁腐败问题也应当科学防范。

22

挪用千万元征地补偿款：社区8人集体腐败

导言

城市化进程，发放征地补偿款，农民“被上楼”；基层自治组织，独占拆迁巨款，腐败丛生。

S县S镇D社区“领导班子”集体挪用千万拆迁补偿款，成为基层自治组织腐败的缩影。

征地补偿款：“死钱”变“活钱”

近几年，S县由于大力推行一系列改革措施而闻名。

“拉开框架、留足空间、繁荣活跃、精美宜居”，这是S县城市建设的指导思想。首先在城中村、近郊村以及有条件小城镇内的村及新型城镇，开展了新型农民社区建设，也就是所谓的“村改居”。S县S镇T村更名为“D社区”，成为“村改居”的新型农村社区。因其地处县城东大门，被纳入县城建设框架内，D社区所辖的D街道随之成为一块寸土寸金的“宝地”。

S县政府决定对横贯东西的东升街实施扩建改造，征用了D社区的部分土地。

依法征用农民集体所有的土地，必须按照规定足额补偿征地补偿安置费用——包括土地补偿费、安置补助费、地上附着物和青苗补偿费。

国土部门划拨650万元征地补偿安置费到了S县信用联社的专用账户上。

征地补偿以货币补偿为主，又得直接面对群众发放，因此，补偿款大多由农村基层组织——村（居）委会直接保管。

因此，东升街的补偿款就由D社区居民委员会代行保管、放发。

按相关规定，居委会应向村民公布土地补偿费的分配、使用情况，其中，留给农村集体经济组织使用的土地补偿费属于集体资产，应纳入公积公益金管理，只能于发展生产、增加积累集体福利的公益事业等方面；安置补助费按政策规定分配给村集体经济组织成员；地上附着物及青苗补偿费归其所有者。

这笔明细账清清楚楚，650万元的征地补偿费是一笔躺在账上的“死钱”。

虽然制度是死的，可人是活的。

每每想到这数百万元巨款，D社区党支部书记唐景文、社区居民委员会委员兼总账会计蒯富就有点得意扬扬。

这不，很快就有人低声下气求他们“帮忙”来了。

此人就是在S县农业银行上班的杨其涛。

眼瞅着县城楼市日渐火爆，头脑颇为灵光的杨其涛萌生了筹建房地产开发公司、下海“捞金”的打算，但公司注册资金尚有不小的缺口。凭着“近水楼台”的便利，杨其涛得知D社区暂管着这笔雄厚的资金，于是找到早就相识的唐景文、蒯富，提出要借500万元征地补偿费办理工商登记“验资”之用。

“就是‘死钱’变‘活钱’的事儿！”杨其涛好话说了一箩筐，最后又加上一句“肯定不会亏待你们俩”的暗示，自感情面难驳的唐景文、蒯富一合计，终于点头答应。

于是，650万元补偿款在唐景文、蒯富手上捂了不到一个星期，就被他们大笔一挥，拨出500万元到了杨其涛的账上。

杨其涛的房地产公司“验资”之后，顺利成立。当天，其中的200万元又被杨其涛转借给某工程机械公司，同样是用来注册“验资”。再后来，这500万元又被打到县农行一名员工的卡上，用于完成年终“吸储任务”。直到第二年1

月 1 日，在上述各账户之间闪转腾挪“旅行”一圈后，500 万元征地补偿费才重新归位。

办理还款手续这天，杨其涛拿出 3000 元现金交给蒯富，说是给唐、蒯二位“买纪念品”用。

事后，蒯富很讲“风格”地将其中 2000 元给了唐景文，自己只留下了 1000 元。账上这么一“进”一“出”，便净落俩小钱花花，两人心里头那是一个美啊！

谁说了算：居委会领导拍板

此后，唐景文因故被免去 D 社区支部书记一职，社区工作由支部书记、居委会主任赵得胜“全面负责”。

在基层农村，人们常把村级党支部和村（居）民委员会合称为村（居）“两委”，是基层组织的“领导机构”。一般来说，实际掌权者往往是支部书记。因此，赵得胜在 D 社区就是“老大”。

D 社区党支部还有两位副书记，分别是蒯健康、蒯安全，他俩是堂兄弟，蒯健康又是总账会计蒯富的同胞哥哥。其他“两委”成员还包括居委副主任葛剑、黄候，居委委员兼治保主任王先进等。

手握人、财、物，在 7 个“两委”成员中，赵得胜、蒯健康、蒯富自然就是“说话作数”的“核心”。

蒯健康多年从事餐饮生意，结交甚广，他与一位名叫陶友达的开发商“拜过把子”，关系特别铁。

陶友达找到蒯健康，想通过这位结拜大哥跟赵得胜、蒯富递个话，借 200 万元补偿款“转个弯子”。

陶友达说，只用 2 个月，按月息 1 分（即 1%）付给社区利息，这事要是办成了，就给他们每人 1 万元“好处费”。

于是，蒯健康找到赵得胜，转达了陶友达的意思。

赵得胜刚“挑大梁”，自己能捞到油水，同时也送给这位副手一个“面子”，他觉得这是件“一石二鸟”的好事。

赵得胜、蒯健康、蒯富这“三个领导”一碰头，200 万元征地补偿费就划到了陶友达公司的账上。

很快，陶友达如数归还本金。蒯健康收下了他送上的 3 万元“好处费”。这笔钱购买了 3 台全新的笔记本电脑，赵得胜、蒯氏兄弟每人一台。

时隔五个月，陶友达提出再借 300 万元用于楼盘开发。

“除了 1 分的月息，我再照月息 5 厘付给你们班子成员‘好处费’。”陶友达再三叮嘱蒯健康，要把这话给 D 社区“班子成员”都带到。

这一次，赵得胜决定召开“两委会”发扬一次“民主”。

会上，赵得胜给大伙算了一笔账，300 万元借出后，每个月社区能有 3 万元的“创收”，每个班子成员每个月则净落 2000 元“好处费”。与会人员中，只有黄候和葛剑有些犹豫，担心“钱借出去收不回来”。赵得胜、蒯健康主动表示“承担一切后果”，这样出借 300 万元的“动议”算是“全票”通过了。

这笔钱陶友达用了 4 个月，赵得胜等 7 名“两委”成员平分“好处费”6 万元。

正所谓“有一就有二，有二就有三”，第二年 9 月，陶友达资金又出现了周转困难，要求再借 300 万元。

赵得胜跟蒯健康商量，1 分的月息“有点低了”，让陶友达按月息 1 分 5（1.5%）的标准付息，至于“好处费”的标准不妨照旧。急于用钱的陶友达表示同意。

开会讨论时，6∶1，借款的决定还是“高票”通过。

陶友达这次借钱竟然用了整整 20 个月。幸好有惊无险，300 万元“完璧归赵”。

这段时间里，蒯健康分多次从陶友达手里领回的“好处费”累计达 30 万元之巨，D 社区“班子成员”每人足足分了 4 万元的“好处费”。

自作自受："班子成员"一锅端

有了如此多的好处，挪用公款就成了习惯。

赵得胜与蒯富共谋，先后两次各挪用征地补偿费 500 万元，分别给董某、丁某，用于他们个人公司的注册验资、偿还贷款。

赵得胜与蒯富、蒯健康等人共谋，将征地补偿费 70 万元挪用给胡某用于偿还贷款；此后，又将征地补偿费 500 万元挪用给张某用于注册验资。

很快，S 县检察院在办案中发现了这起村干部挪用巨额公款的线索。

经过秘密查阅银行账户与有关票证，检察院弄清了 D 社区征地补偿费账户几年来各笔款项的来源、去向，掌握了相关人员挪用公款的次数、时间、数额等关键证据。

按照我国刑法的规定，对征地补偿款进行管理属于协助政府从事的公务行为。在这种情形下，村基层自治组织干部属于"其他依照法律从事公务的人员"，其职务犯罪行为应当由检察机关管辖。

S 县检察院以涉嫌挪用公款罪对赵得胜、蒯富等 6 人立案侦查。

检察机关现已查明：赵得胜、蒯富、蒯健康挪用公款归个人使用，其中赵得胜挪用公款 700 万元、蒯富挪用公款 1200 万元、蒯健康挪用公款 200 万元；赵得胜、蒯富、蒯健康、王先进、黄侯、葛剑等人共同收受贿赂 39 万元。

最终，赵得胜、蒯健康、蒯富以挪用公款罪、受贿罪分别被判处 10 年至 14 年不等的有期徒刑。王先进、黄侯、葛剑等人以犯受贿罪，分别被判处 3 年至 5 年不等的有期徒刑。

（文中涉案人物均为化名）

观察

村务公开是根治基层自治组织腐败的良方

20 世纪 80 年代以来，我国农村实行村民自治制度，形成了“乡镇村治”的新型治理模式。它将国家的农村基层政权定位在乡镇，乡镇以下实行村民自治，使农民获得经济自主权的基础上拥有政治自主权。

在这种结构中，基层组织中的“官员”成为联系城乡两级的枢纽，他们如何行使职权，直接关系到农村的稳定，乃至国家的和谐。

随着我国城市化进程的发展，大量农村土地被征用作非农建设，首先便是位于城乡接合部的城镇近郊农村，客观上存在“以地生财”的“区位优势”，为涉农土地补偿的“村官”职务犯罪提供了温床。

D 社区的众位“村官”，肆无忌惮地挪用失地村民的“保命钱”，为个人谋私利，就是这类腐败现象的典型标本。

征地补偿费之所以成了“唐僧肉”，首要原因就是征地补偿款发放缺乏有效监督。

征地补偿款发放是一项政策性很强的工作，由于情况复杂，环节多，必须建立有效的群众监督、公开公示、相关职能部门复查、复核等制度。但我们不难发现，现实中这些制度要么缺位，要么形同虚设，如 D 社区擅自将 300 万元征地补偿款借给一房地产商使用长达 20 个月竟无人察觉。

其次，村务公开制度流于形式、财务管理混乱。村务管理方面，各地都有相应的规章制度，如村务公开制度、两委研究议事制度、村民代表会议制度等，但这些制度往往只说在嘴上、挂在墙上。在 D 社区，村务决策权、资金支配权集中在“班子成员”手里，为他们中饱私囊创造了空间。

令人期待的是，2010 年修订的《村民委员会组织法》对村委会财务公开、决策公开、管理公开作出了明确规定，用法律形式强力推进基层民主建设。

村委治村向村民自治迈进，村务公开才是解决基层组织腐败的良方。

23

副省级干部落马：“一把手”专权直指贪腐病灶

导言

杨浩受贿1200余万元，以受贿罪被判处无期徒刑，剥夺政治权利终身，并处没收个人全部财产。

一个明码标价卖官鬻爵的市委书记、一个将权力寻租发挥到极致的“父母官”、一个欲望膨胀生活腐化的党员干部，怎会被提拔为副省级干部？除了他本人的行为具有极强的隐蔽性外，在有效监督和用人机制方面存在的问题，是否也值得我们思考？

侦查：检察机关在行动

J省检察院机要科的电话铃声响起，电话那头是最高人民检察院：“请反贪局长亲自带队，即刻前往北京接受任务！”

不知道任务内容，不允许向任何人透露，甚至不容片刻停留，J省检察院反贪局副局长接到通知后，当即带上两名干警，火速奔赴北京。到了最高人民检察院，他们才知道，此行目的只为一人——S省原副省长杨浩。最高人民检察院将杨浩涉嫌职务犯罪的线索指定J省检察院查办。

在S省，尤其是在D市，杨浩可谓风云人物：基层出身，“有才华，会办事”，从部队战士、教师到机关干部，杨浩屡受提拔，30岁出头已是S省政府正处级领导干部，42 岁当选 D 市市长，47 岁升任 D 市市委书记，先后主政 D 市长达 13 年，案发前官至 S 省副省长。

J 省检察院火速行动，抽调侦查业务骨干，组建专案组。

这个由 21 名反贪精英组成的专案组，兵分两路，一路驻扎在秦城监狱，负责审讯犯罪嫌疑人杨浩；一路辗转 D 市、北京、上海等多地，全面展开外围调查取证。

一场反腐败硬战打响了。

承办检察官透露，根据线索，S 市 X 集团董事长白昆仑是杨浩受贿案的关键人物。后查明，短短 3 年间，杨浩收受白昆仑的贿赂高达 556 万元。白昆仑也是杨浩案中行贿数额最高的行贿人。

白昆仑成为杨浩腐败案突破的关键。

当检察官找白昆仑取证时，却遭到了他明显的抵触情绪，不愿配合，调查工作陷入僵局。

时年 54 岁的白昆仑是享誉 S 省的“商业精英”。某年，D 市某国营商场濒临倒闭，上千职工面临下岗，时任 D 市市长的杨浩找到 X 百货大楼的总经理白昆仑，希望他能临危受命，接下这块“烫手的山芋”，为政府分忧。

这是杨白二人初次见面。白昆仑当即表态一定尽自己的最大努力。不到一个月时间，白昆仑凭借自己的努力和经营实力，使该商场重焕生机，老店新开，别有气象。

这件事使杨浩对白昆仑颇为欣赏，随着交往的深入，二人的关系也日益升温。2002 年，X 百货大楼突发火灾，杨浩第一时间赶到现场组织救援，后又协调相关部门为百货大楼重建减免各类规费 1000 余万元，还号召全市党政机关干部为百货大楼的重建捐款 300 多万元。为减轻 X 集团的竞争压力，杨浩甚至不惜违法行政，出台政策阻止同类企业进驻 D 市。

白昆仑也是“懂事”之人。杨浩的弟弟杨波在 W 市开眼科医院，急需一台进口医疗设备，杨浩找白昆仑为其弟弟“借钱”，白昆仑二话没说就拿了 280 万元。事后不久，白昆仑还特意跑到杨浩办公室，将汇款凭证当面销毁，明确表示该笔款项无须归还。

“我们分析白昆仑和杨浩有近三十年的交情，白昆仑对杨浩心存感激，感情包袱很重。这个时候再和他谈犯罪事实，显然会增加他的抵触情绪。”承办检察官说，“我们决定顺着白昆仑的思路，慢慢引导。”

检察官没有就案说案，而是从白昆仑和杨浩两人的认识和交往谈起，谈及了他们之间的友情，也充分肯定了杨浩多年来对D市经济发展的贡献。

通过“心贴心”的交流和办案人员耐心的释法说理，白昆仑逐渐卸下心理包袱，最终详细交代了他向杨浩行贿的全部犯罪事实。他与杨浩的主要经济往来从杨浩即将调任副省长之际开始。白昆仑先后替杨浩的弟弟支付了医疗设备款人民币280万元，送给杨浩一套价值236万元的住房以及现金40万元，财物共计折合人民币556万元。

就在取证组对白昆仑的行贿事实取得突破性进展时，另一组审讯人员正在秦城监狱与杨浩正面交锋。

“杨浩的认罪态度是好的，但供述难免出现含糊不清的言辞，在进行审讯时，我们必须把所掌握的线索掰开嚼碎，烂熟于心，并对可能出现问题的地方做好预案。”检察官说。

在问到杨浩通过其弟杨波收受白昆仑给予的医疗设备款280万元时，杨浩一直强调他与白昆仑的朋友关系：“我和白昆仑的私交很好，所以当我弟弟资金出现困难，我第一个就想到了他，提出请白昆仑以投资或合作经营的方式给予帮助。”

“那么白昆仑和杨波之间到底有没有进行合作经营？”检察官问。

“我没有问。他们两个一个经营商场，一个经营医院，合作可能性不大。”杨浩说。

“既然没有合作，后来白昆仑为什么又当着你的面撕毁了280万元的银行汇款凭证？”检察官反问。

“他主动撕毁汇款凭证，实际上就是把这280万元设备款送给我了，为的是感谢我在D市主政期间对X集团的关心和帮助，另一方面也是想继续和我保持好这种人际关系，将来有什么事可以找我为他提供帮助。”

“那你帮白昆仑解决问题，是利用你的职权还是你的私人关系？”层层铺垫之后，检察官迅速出击，直奔主题。

“利用的是我的职权，没有职权，办不成这些事，解决不了问题。”交锋之下，杨浩已无法掩盖其利用职权为他人谋利，并收受巨额贿赂的犯罪事实。

经过审讯组、取证组内外两路夹攻，此时已是铁证如山。

要办成精品案件，办成经得起历史检验的铁案，案件质量是重中之重。

为此，专案组探索构建了“首办负责、内部审核、集体会诊、捕诉引导”四位一体的案件质量保障机制，要求每位检察官对自己负责收集的证据材料负首要责任，并在内部建立“办案小组长——案件主办人——综合材料组”三级证据审查机制，对证据的客观性、关联性、合法性全面审查把关。

在侦查杨浩收受崔恩（D市X县委原书记，已另案处理）贿赂的过程中，检察官就感受到了案件质量保障机制的必要性。

崔恩一路升迁至X县委书记，离不开杨浩的大力提携。崔恩先后四次向杨浩行贿40万元。

根据杨浩的供述和崔恩的证言，其中的一次行贿发生在S省政府的办公室内，杨浩收下了崔恩送来的一张存有10万元人民币的银行卡。获取供述和证人证言后，检察官调取了相应的银行卡开户资料和交易明细，认为这一行受贿的犯罪事实已确实充分。

通常承办人员获取相关证据后便直接归卷，但是按照“三级证据审查机制”的要求，案件主办人、综合材料组均要对证据进行认真复核。

通过比对银行卡的交易明细，检察官发现这张银行卡上的金额在某年1月就已全部消费完毕，也就是说如果受贿的时间点为某年3月，那么杨浩收受的就是一张金额为零的空卡！

这一证据之间的矛盾非同小可，它不仅关系受贿数额的认定，甚至很可能彻底推翻这节受贿犯罪事实。

检察官立即核实，分头再次询问崔恩、讯问杨浩。后查明，崔恩、杨浩两人回忆的时间有误，真正的行贿时间为前一年年底。检察官立即对证据进行补正，完善了证据链。

经过 3 个多月的内查外调，专案组共询问证人 200 多人次，获取书证 300 多份，形成侦查卷宗 38 册。

最终，杨浩特大腐败案侦查终结。经查明，杨浩利用担任 D 市市长、D 市市委书记、S 省副省长等职务便利及利用职权、地位形成的便利条件，在企业经营、党政干部职务晋升等方面为有关单位和个人谋取利益，单独或通过其亲属先后 61 次非法收受 21 个单位、个人给予的财物，共计折合人民币 1223.9 万元。

最终，N 市中级人民法院采纳了检察机关认定的全部犯罪事实和量刑建议，一审以受贿罪判处杨浩无期徒刑，剥夺政治权利终身，并处没收个人全部财产。

杨浩当庭认罪服判，未提起上诉。

渐进的仕途与能力

杨浩 1954 年出生于一个干部家庭。一篇新闻报道中曾写道："杨浩的父亲，据称是 S 省的一名官员，杨家（有）4 子，杨浩的 3 个兄弟或是公安、卫生等重要部门的官员，或是当地私立医院院长，知名度颇高。"记者在 D 市采访时，当地民众也普遍认可这种说法，将杨浩连同其 3 个兄弟一度并称为"四虎"。

据官方公布的杨浩简历，他于 1972 年 11 月至 1979 年 2 月当兵。1979 年 9 月，他考入（也有说推荐）某师范学院历史系。

在一些同学的印象中，大学时期的杨浩一年四季都穿一条绿色的军裤，"生活中很朴实，有军人气质，说话简练有分寸，不管说几个小时，绝不重复"。一名同学用"为人稳重，城府颇深"8 个字概括杨浩的个性。

有两件事情，帮杨浩在校园里树立起了自己的威信。第一件事与排球有关。师范学院的师生一直将排球视为丰富业余生活的体育游戏，常常几个人凑到一起，不讲技术，无论输赢，嘻嘻哈哈把球打过网就行，但杨浩的加入，让游戏彻底变成了“战争”。曾有校友专门写了一篇文章回忆此事：“他（杨浩）说，大家要放弃游戏心态，要打就认真打，必须有杀伤力，必须以绝对取胜的信心和勇气来压倒对方。说完，将同学分成两队，自己担任二传，然后组织进攻搏杀。”很快，这种做法就传遍全校，大家开始全力拼争，技术上也突飞猛进。据说，在校期间，杨浩多次带领系排球队夺得全校排球比赛第一名。

第二件事是杨浩被推举为学生会主席后，率先向饱受抱怨的学校食堂“开火”。杨浩与食堂工作人员进行了面对面的交锋，最后促成了食堂实行评分制。“他要求食堂师傅们必须统一穿白色工作服，挂牌上岗，并在校门口挂上意见箱，接受同学投诉。然后，定期开箱评分，哪名师傅评分最低，就会被辞退。”

成熟稳重加上很强的组织领导能力，让杨浩很快成为“风云人物”。他的风光不仅让男同学瞩目，也让一些女同学倾心。杨浩与妻子李影的感情就是在那一时期开始萌芽的。

李影是杨浩的同班同学，年龄相当，父亲是大学知名教授。大学毕业后，杨浩留校，成为某师范学院团委的一名干事。此后，他和李影结婚。

在团委，杨浩主持起工作来，一招一式已很有领导的派头。“讲原则，有涵养，对同学能关照，也会给面子，懂得做人，并不迂腐和刻板，更没有胆大妄为的做派，非常适合在官场发展。”

1984 年 5 月，在老上级的推荐下，杨浩破格调入省委办公厅，任秘书处秘书。这是杨浩仕途上一次“惊人的跨越”，他平均不到两年便会“升迁”一次，从副处级秘书变为处级秘书、副主任、主任，至 1994 年调离省政府办公厅前，已是 S 省政府副秘书长、办公厅党组成员。

一名曾与杨浩有过工作接触的媒体人士回忆，杨浩思维活跃、处事周到，这是他 10 多年办公厅生涯中一路攀升的重要原因。这位媒体人士称：“每次约杨浩采访，他总是准时出现，从不迟到。接受采访时条理清晰。待采访结束后，记者只需稍作整理，便是一篇完整的通讯稿。更主要的是，他习惯于‘把事情做在领导出发之前’。有一次，S 省举办一个大型活动，杨浩早早出现在开幕式现场，在会场门口确认和落实会场布置、各单位车辆安排等情况。”

成也 D 市，败也 D 市

1994 年，杨浩开始到 D 市挂职任市委副书记。通常，挂职人员在基层锻炼一年，期满后即可回原单位获得升迁。杨浩在第二年挂职期满后并未回省里，而是在 D 市就地转为市委副书记并兼任代理市长。1996 年，杨浩被选举为 D 市市长，2001 年任市委书记，从此主政 D 市长达十余年。

早期在 D 市工作时，杨浩思维敏捷、办事逻辑清晰，一份洋洋洒洒的领导讲话，他只听一遍，就能提纲挈领地说出个一二三。在听取各县县长和各局局长的工作汇报时，他总是要求下属多讲具体问题，不说套话假话；对下属反映的情况，也从不推三阻四，该解决的从不含糊。一年冬天，D 市某地供热系统的泵站出了故障，杨浩第一时间赶过去，现场指挥维修。工作人员回忆说，下面的干部对杨浩这种追根究底的工作方法和亲力亲为的领导方式非常惧怕，私下里给他起外号叫“杨科长”，指他事无巨细什么都管。

有人追根溯源，认为杨浩如此细致入微的工作风格，与他多年的办公厅工作经历密不可分。

2000 年之前，杨浩作为 D 市主要领导，确实为市民干了很多实事、好事；但 2001 年他接任 D 市市委书记之后，就“越来越不像话了”。“D 市的干部们发现，单纯靠政绩很难得到提拔了”，而与杨浩交好，则是得到提拔的途径之一。

杨浩捞钱，卖官是一个重要途径。据了解，杨浩任市委书记后，D 市只在第一年举行了一次选调生考试。选调生，是指被选调到基层锻炼的优秀高校毕业生，他们大多作为党政领导干部后备人选培养。选调生考试废了，是因为各基层单位重要岗位选人都靠“收钱”了，考试已经没有了意义。直到 2007 年杨浩调离，D 市才重新恢复组织选调生考试。

在杨浩的影响下，D 市官位的交易渐渐由暗箱操作变为明码标价，县委书记 50 万元，县里某个局的局长 20 万元，最低价码是副镇长，5 万元。

1223 万元：细数杨浩的数宗罪

1223 万元。

J 省 N 市人民检察院就 S 省原副省长杨浩涉嫌受贿提起公诉的金额，并未如外界猜测的惊人。检方指控，杨浩在 13 年间，曾在井冈山干部学院、中央党校宿舍和他位于 S 省政府的办公室等处，收下大笔款物。

杨浩至少涉嫌 8 宗“体制内”的权钱交易，涉及干部提拔任用、项目报批、国资减持、政策优惠等领域。他的下属，包括县级党政主要负责官员，公安、交通等部门负责人，教育单位负责人和国有企业负责人等，共 9 人涉入其中。

另有至少 12 名企业界人士被检方视为行贿人。他们所控制的企业在 D 市，曾获得税费、土地出让金减免，财政借款，项目建设审批和招拍挂等领域的便利。有部分款物交给了杨浩的妻子、儿子和胞弟。

其中，行贿金额最大的达 556.78 万元。检方指控，杨浩接受白昆仑的请托，为 X 百货大楼等建设项目的相关费用减免以及白昆仑之弟职务晋升等事项提供帮助。为此，杨浩于 2007 年年初至 2010 年年初，通过其弟杨波收受白昆仑给予的医疗设备款人民币 280 万元，价值人民币 236.78 万元的住房一套（含契税）和人民币 40 万元，共计人民币 556.78 万元。

杨浩接受 G 投资老总钱国庆的请托，为该公司免除行政罚款、获得商业贷款、逃避税务价差、修建高尔夫球场项目等事项提供帮助。先后 10 次收受钱国庆给予的 22 万元、2 万美元及价值人民币 29 万元的购物卡，共计折合人民币 67.01 万元。

检方的行贿人名录中，还明确指出另一位涉及杨浩案的知名企业家。杨浩曾接受H太阳能集团董事长王帆的请托，为该集团下属公司承揽工程、下属职业中专学校升格等事项提供帮助，收受王帆赠与的30万元。

杨浩还曾在企业业务发展、产品推介中起到作用，进而收取企业的财物回报。杨浩接受R集团法定代表人高志强的请托，为该公司业务发展、产品推介等提供帮助，先后3次收受高志强提供的3万美元，共计折合人民币20.74万元。

杨浩接受X集团老总仲晓波的请托，为该公司的业务发展、形象提升等事项提供帮助，先后四次收受仲晓波给予的18万元，以及通过仲晓波转交的另一家公司提供的10万元。

此外检方还列举，在企业并购案的税收优惠、土地补偿款发放、企业家谋求工商联领导职位、项目和资质审批、帮助企业家投资等事项中，杨浩或他的亲属收受了D市T化学工业有限公司投资人黄洲98.247万元的购房款，价值人民币11万元的车位及人民币5万元；收受了S省W投资有限公司法定代表人周小波提供的价值104.545万元（含契税）的住房和3万英镑。

（文中涉案人物均为化名）

观察

一、反腐必须制约"一把手"专权

总结杨浩腐败案，其一路升迁源于他的"资源优势"，即"官家子弟，领导赏识，高官秘书"。这些优越条件一旦转变成贪腐的保护伞，他就敢肆无忌惮地疯狂敛财。其实，杨浩之流并不少，像河北省委原书记程维高的秘书李真、上海市市委原书记陈良宇的秘书秦裕，都属于这一类。这样的地方高官独霸一方，多年经营出一个很大的关系网，加上有人袒护，让其索贿、受贿更具隐蔽性，查处起来更加困难。

近年来，杨浩之流的省部级高官被密集查处，至少说明了两个问题：

第一，严格制约“一把手”始终是反腐的一个重点。目前体制中存在权力过分集中而又得不到制约的现象，最突出的就是“一把手”没有被管好。要从制度上解决腐败问题，就是规制“一把手”的权力。当前我们也有一些监督措施，如派驻纪检监察机构、建立巡视制度等，但还不够，必须依靠深化改革，建立全新的反腐体制，走出当前的反腐困境。

第二，近期一些高官被密集查处，与十八大之后党的反腐决心不无关系。“我国反腐倡廉建设正在经历着历史性的转折，因为这是党的宗旨的根本要求、党中央的坚强决心的体现和广大人民群众的迫切期待。”

打铁需趁热。在反腐高潮一浪高过一浪的当下，如何实现体制机制创新，彻底铲除“一把手”专权带来的腐败病灶，是当务之急。

二、把行贿问题解决好，对腐败土壤釜底抽薪

如果不出事，正当盛年的杨浩可以说是前程似锦。令人想不到的是，杨浩突然间便从大众视野里消失了，从自由的天地里消失了。

不受制约的权力、无力的监督、一言堂式的选拔机制、有选择性有余地的追责执法，这些条件，杨浩恰好都具备。

如果权力运行机制、选拔机制、监管体系、社会监督，能够真正“给力”，杨浩要么只能做个好官，要么干脆回家去卖红薯。

还有一个问题值得深究。杨浩从一个曾经的好官走入铁网高墙，那些拖他下水的行贿人该当何责？

虽然所处的环境不一样、条件不一样，但是香港特别行政区的做法值得我们思考。他们通过司法实践对行受贿犯罪一视同仁，给予严厉打击。

我国《刑法》对行贿罪有着明确规定，但同时也规定了“行贿人在被追诉

前主动交代行贿行为的，可以减轻处罚或者免除处罚"。行贿人往往通过主动配合办案机关来争取认罪态度好，进而获得从轻处罚，实践中大量案例都以行贿人被适用缓刑告终。

不少行贿行为已造成严重影响，应该按行贿罪依法处理，司法机关不应放纵。特别是那些经常通过行贿捞取非法利益的人，要绳之以法，才能把行贿的风气打下去。

对于行贿犯罪：第一，要揭露。不仅要对受贿者的行为进行揭露，也要将行贿者的姓名、单位、行贿情节公之于众。只要公开，社会舆论就会对他进行谴责，对于其商业经营也是一种打击。

第二，情节严重的，一定要按照行贿罪进行处理。目前司法实践对受贿者能依法处理，对行贿者却处理偏轻、偏少。如果是被迫行贿，或者行贿行为较轻的，可以用党纪政纪加以处分。

24

绿色 GDP 引发不当竞争：园林绿化腐败高发

导言

X 市是有名的“煤城”，灰头土脸是人们长期的印象。X 市政府创新发展理念，成就斐然。如今 X 市改天换地，一片新颜，蓝天白云，绿树成荫，青山绿水，各项环境指标跃居 J 省前列。

与此同时，由于社会管控没能跟上园林绿化领域的快速发展，再加上高投资、高利润的诱惑，一时间这个领域内腐败滋生，暗流涌动。

X 市检察机关在园林绿化领域一举查办职务犯罪案件 20 余件，涉及科处级以上干部 8 人，百万元以上大案 8 件，为国家挽回经济损失千万余元，遏制腐败蔓延。

绿色掩映下的腐败

X 市园林局原副局长崔焕然及妻子——时任 Z 大学副教授李颖，双双因涉嫌受贿罪被立案侦查，引来各方关注。

X 市人民检察院接到举报：东南湖补绿工程、小南湖曲桥工程等项目招投标存在腐败问题。X 市检察院将案件线索交由 Y 区检察院查办。

经过分析研判，Y 区检察院决定从项目承包方负责人朱国兴展开初查。

44 岁的朱国兴是某园林公司负责人，专门承揽园林绿化工程。短短几年间，朱国兴变身“绿化大鳄”，成为 X 市数十个百万元乃至千万元以上绿化工程的承包方。

负责这些项目的主管单位负责人无一例外均是 X 市园林局原副局长崔焕然。

检察机关依法传唤朱国兴。经过突审，朱国兴很快交代了自己的“发家史”。

朱国兴借用、冒用他人资质，在 Z 大学副教授李颖及其丈夫 X 市园林局副局长崔焕然的帮助下，顺利承接了十多个绿化工程。朱国兴为此向崔焕然夫妇行贿 40 余万元。

Y 区检察院迅速将调查情况上报 X 市检察院。一场全面打击该行业腐败窝串案的专项行动悄然掀起。随即，李颖、崔焕然以涉嫌受贿罪被立案侦查。

评标打分里应外合

48 岁的李颖原为 Z 大学环艺系的副教授。案发前，她不仅负责教学工作，还负责校区绿化建设工程的方案策划、招投标评审、施工监管和验收。可以说，Z 大学绿化工程的操作都离不开李颖。对于这样的“工程核心”，各路工程公司、包工头竞相示好，他们看中的是李颖手中的“评标打分”大权。

Z 大学学院楼周边绿化工程进行招投标，李颖既是工程顾问，又是投标评委。朱国兴瞄准了时机，想在工程上分一杯羹。

“舍不得孩子套不住狼。”朱国兴拿着早已准备好的 3 万元现金叩响了李颖的家门，最终，李颖收下了这份“大礼”。

“拿钱办事”，李颖在这个项目招投标过程中拉拢其他评委给朱国兴打高分，并给其他参加投标的单位打低分，朱国兴成功中标。在后来工程验收及工程款的催要过程中，李颖也都给予了格外的“关照”。

一来二去，朱兴国与李颖结下了“交情”。

李颖一家的衣食住行，都能看到朱国兴的身影。在外人看来，两家人俨然是“亲戚”。

李颖利用职权，帮助朱国兴承接了Z大学的十几个园林绿化工程项目，并在其施工验收过程中提供便利。此后，李颖不再负责Z大学的绿化工程招投标工作，但她的丈夫崔焕然却仍是X市市政园林局的副局长。

崔焕然的“权力”和“能量”比李颖要大多了。

工程发标大权独揽

44岁的崔焕然主管全市重点园林绿化工程的建设，包括工程前期的立项、招投标资格评审、工程发标等工作，可谓重权在握。他的权力指挥棒指哪儿，哪儿就生花。

X市东南湖补绿工程进入招投标阶段。朱国兴因没有施工资质被拒之门外。朱国兴着急上火了，他之前在李颖处拿到的工程都是零活儿，压根儿不需要施工资质，这会儿赶鸭子上架，到哪儿弄资质去?

朱国兴将此“难言之隐”告诉了崔焕然，崔焕然嘿嘿一笑，直接让朱国兴回去听好消息。没过几天，朱国兴就被通知可以进工地干活了。

原来，崔焕然帮朱国兴“借”了“壳”——找了一家有资质的公司参与投标，并“如愿”中标，实际上，这工程还是由朱国兴来承接。

朱国兴有了“资质”、有了“壳”，却常常因不能及时使用该公司印章而苦恼，崔焕然索性就让其伪造几家有资质公司的印章，再由崔焕然自己负责审查，当然是一路绿灯。

崔焕然的能耐还不止如此。X市时代大道造价700万元的绿化工程上马后，崔焕然直接吩咐中标公司，分了一半工程给了朱国兴。

此后，朱国兴在崔焕然的帮助下，顺利承接了东南湖补绿工程、小南湖曲桥工程、徐丰路绿化工程等项目，每个合同标的都在百万元、千万元以上。前后，崔焕然伙同妻子李颖收受朱国兴等人的贿赂40余万元。

据崔焕然交代，园林绿化工程项目招投标，没有严格的操作程序，有些工程看似有资质的大公司中标，但事后常常被主管单位人为分包给小公司或个体，更多的时候因为项目金额不大，便索性不招标。在具体实施时，主要领导开个会或打声招呼就可以决定工程合同花落谁家。所以，分管工程的领导就是“香饽饽”。

最终，李颖犯受贿罪被判处有期徒刑 5 年，朱国兴犯行贿罪，被判处有期徒刑 10 个月。崔焕然以受贿罪、职务侵占罪被判处有期徒刑 12 年。

苗木采购大发横财

就在 Y 区检察院对崔焕然夫妇腐败案查处已届尾声之时，又陆续收到举报，内容是关于 X 市 Y 区绿化委员会办公室原主任、Y 区园林绿化管理处原处长裴恩俊涉嫌受贿的情况。其中几笔贿赂款都有详尽的描述，可信度较高，Y 区检察院当即着手调查。

此时的裴恩俊已离开了上述单位，调转入其他部门。举报信上列举的工程现在已是苗木成林，绿地连片。

初查中，检察官发现，作为主城区所在地，Y 区近年来的绿化工程最为壮观，而在裴恩俊主管期间，绿化所需的苗木供应几乎被两家公司联手垄断。这两家公司正是举报信中频繁出现的行贿单位。

案件初现端倪。很快，两家公司的主要负责人被传讯。

令办案人员意想不到的是，这两位跟裴恩俊打过交道的商人却愤愤不平，其中一人说：“苗木供应门槛低，买哪家的货，都是裴恩俊一个人说了算，而且不走招投标程序，我们不巴结他不行呀！”

裴恩俊到案，对自己的犯罪事实供认不讳。裴恩俊完全按照收钱多少来决定园林绿化工程的去向。

现年 50 岁的裴恩俊，先后在 8 个单位和部门担任过领导职务。到了退“二线”的年纪被安排在园林绿化部门工作，裴恩俊发现自己占了个“肥缺”，掌管着全区绿化工程的发包、苗木采购、养护工程，各家公司争相“进贡”。

裴恩俊决心“捞一把退休”，但为了安全起见，必须物色“可靠”之人。

和平路绿化工程进行到苗木采购阶段，裴恩俊作为主管单位领导一面到各地考察，一面物色今后的“合作”伙伴。杭州某苗木公司的王小很是“服帖”，一路吃、住、行安排妥当，还给了裴恩俊 2 万元“零花钱”。

最终，王小顺顺利利地拿到了和平路的苗木“单子”。

王小也“知恩图报”，在裴恩俊的父亲生病时，他送去了 1 万元现金；裴恩俊外出旅游，又奉上 5 万元；逢年过节，烟酒供应自不必说。

裴恩俊也是“投桃还李”，先后帮助王小拿到了 400 多万元苗木供应单。

时间长了，裴恩俊担心一家独大，影响不好，便又另外培植了一个供应商，算是掩人耳目。即便是个陪衬，裴恩俊还从此家公司搜刮到价值上万元的皮衣、手表。

如此赤裸裸的权钱交易让其他供应商看在眼里、气在心里。

最终，裴恩俊以受贿罪被判处有期徒刑 2 年 6 个月。

为谋工程，行贿人以钱开道

竭力行贿，创造非法机会，行贿犯罪成为园林绿化腐败的一大特征。X 市检察机关除恶务尽，将撂倒 3 名“绿化干部”的行贿人绳之以法。

四十出头的郭兴旺原是 Y 区风景管理处绿化所的一名普通职工，自从下海经商后，承建了不少工程。曾有传言，只要是郭兴旺想干的园林绿化工程，没有他接不下、干不了的。

郭兴旺在行业内的关系网可见一斑。

X 市 T 区景观带开始招投标，这个占地 216 亩的绿化工程是人人都想要的香饽饽。

郭兴旺找到了老关系户——X 市某园林管理所所长王勇敢帮忙，郭兴旺自已还特意找了两家公司参与“围标”，给了他们一点好处费。

一切准备就绪。

工程招标公告发布后，踌躇满志的郭兴旺傻了眼：公告要求项目经理必须是一级建造师资质，而自己借用的两家公司都是二级资质，根本不符合条件。

王勇敢坦言，工程不是他负责的，他也是爱莫能助。但是，作为老朋友，当然是可以想想办法的。

听到话里有话，郭兴旺心里有谱了，为拿下这个工程，还得拿出“撒手锏”哪。于是，郭兴旺表示如果拿到工程，定将厚谢。

于是，王勇敢爽快答应了，收下了郭兴旺所送的 2 万元。

很快，王勇敢向郭兴旺介绍了时任该区建设局副主任钱明亮。在钱明亮办公室，郭兴旺信誓旦旦：拿到工程，我一定不会忘记您。

郭兴旺先后五次向钱明亮行贿现金 30 万元。重金之下，必有勇夫。

钱明亮开始了计划的第一步：修改招标公告。为使郭兴旺借用的两家公司符合资质，钱明亮找到相关部门、单位协调，称公告发布后，由于资质要求太高，许多公司没有通过预审，建议将项目经理建造师资质更改为二级以上项目经理资质。很快，钱明亮的建议得到了批准。郭兴旺协同两家串标公司顺利入围。

钱明亮的第二步计划，就是在公告中增加了一些条款。其中有一条，明确要求外地企业必须“在 X 市地区两年内承接过类似工程，项目经理两年内在 X 市地区从事过类似工程”。这寥寥一行字，已不动声色将其他外地企业拒之门外。

最后，进入投标环节时，只剩三家企业，都是郭兴旺的“自己人”。三家企业早已串通好了投标价格，更有钱明亮作为评委打分。所谓开标，终不过是走走形式而已。

最终，郭兴旺拿下了造价高达 2000 多万元的工程。

郭兴旺行贿钱明亮的 30 万元，不过是其受贿“战果”的六分之一：每逢“进贡”，钱明亮来者不拒，坦然笑纳，多次收受郭兴旺等 32 家单位和个人贿赂，数额高达 177.7 万元。

暗箱操作，负责人中饱私囊

被郭兴旺打倒的还有 X 市矿务集团生活服务经营总公司生活管理科原副科长高慧。

郭兴旺在承接矿务局一项绿化工程时，和高慧相识。某日，郭兴旺接到高慧的电话，矿务局要进行矿区绿化改造工程，该项目主要由她负责，不知郭兴旺是否有承建意向。人家主动告知，郭兴旺喜上眉梢。

第二天，郭兴旺开出价码，两人一拍即合。

高慧告诉郭兴旺，此次矿务局招标共三个标段，项目工程采取邀标方式，她还将邀请其他两家公司参加投标。于是，郭兴旺作为受邀的三家企业之一，按照高慧的指点，将投标重点放在旗山矿等三个小区。而其余两家公司也心领神会，互相陪标，结果皆大欢喜：每家公司各得一个标段。在高慧的帮助下，郭兴旺顺利拿到了 60 多万元绿化工程。拿到工程后，郭兴旺如约将 8 万元送给了高慧。

此后，X 市 Y 区检察院从郭兴旺入手，一举清查王勇敢、钱明亮、高慧三人腐败系列案。

钱明亮、高慧因犯受贿罪，分别被法院判处有期徒刑 13 年 6 个月、5 年。鉴于王勇敢犯罪情节较轻，且认罪态度较好，有悔过表现，T 区检察院对王勇敢依法作出不起诉决定。

在受贿人锒铛入狱之时，行贿人也没能逃脱法网。郭兴旺以行贿罪被判处有期徒刑 1 年 3 个月。

（文中涉案人物均为化名）

揭开园林绿化领域的潜规则
——对话案件承办检察官

笔者：您好，X 市检察机关在园林绿化系统查办了二十多起贪腐案件，成效斐然。园林绿化腐败呈现出了什么特点？

检察官：园林绿化系统内的腐败案件集中呈现出四大特点：第一，犯罪主体泛化、专业性强。涉案人员不仅限在园林管理部门，还涉及规划、建设、审计等职能部门以及企业、学校、医院等，涉案人员中博士 2 人、硕士 4 人、副教授 2 人、高级工程师 6 人，高学历、专业性人员占涉案总人数的 57.14%。

第二，产业链长，涉案环节多。园林绿化工程包括景观设计、土方工程、假山、水景、给水排水、后期管护等，涉及规划环节、工程发包环节、工程选材监理环节等，方方面面、层层节节都有牟利空间。

第三，犯罪隐蔽性强，缺乏监管。园林绿化工程领域包含较多技术含量和设计因素，同时，工程相对分散，与外界接触较少，群众无法知情，无从举报。同时，行业内潜规则盛行，利益纠结，成为隐蔽的利益共同体。

第四，内外勾结、互相渗透。行贿人之间相互勾结、恶意串标、虚假竞标，受贿人心知肚明，积极参与，甚至参股到行贿人单位谋取私利，既当裁判员，又当运动员。

笔者：近年来，X 市绿化园林系统发生多起腐败案件，是否和城市园林工程建设规模的急剧扩大密切相关？

检察官：你说的很对。园林工程，本身并不是一个新兴产业。随着城市发展，X 市全面加大园林绿化工程建设力度，政府投资力度越来越大，动辄以上百万元计，高的能达到上千万元。高投资，带来的是高利润，就会吸引一些投机者一哄而上。同时，由于苗木的栽种具有一定的成活率，损耗也高。高投资、高利润、高损耗的园林工程，如果管理和监督落实不到位，就会带来一些腐败问题。可以这么说，在一段时间内，园林工程管理制度不完善，监督不到位，是这个行业发生腐败的一个重要原因。

笔者：园林绿化工程领域产业链很长，一项工程，从立项、规划、施工再到后期管护，有多个环节，工期也可能历时一年甚至几年时间，因此，腐败涉及的面就比较广，涉案人员就比较多。

检察官：我们做过具体分析，园林绿化工程建设包括景观设计、土方工程、假山、水景、水电和后期管护等，产业链条长，涉及面宽。行贿主体复杂，受贿主体更复杂，不仅有园林部门，还涉及规划、建设、审计、企业、学校、医院、街道办事处等，在建设设计规划环节、建设工程发包环节、工程选材监理环节等都有腐败行为发生。正因为园林工程链条长，涉及面宽，所以，共同犯罪多，窝案、串案多。我们所办案件中，窝案、串案占总数的93.75%，共同犯罪比例比在其他行业内发生的要高出不少。

笔者：从本案可以看出，园林绿化工程领域存在潜规则。可不可以这样理解，潜规则里往往就隐藏着他们的犯罪手段和犯罪特点？

检察官：我们刚才所说的园林工程的各个阶段，都有腐败行为发生，都有潜规则。比如说，一些共同犯罪中，行贿人与受贿人内外勾结，受贿人之间左右串通，合伙作案，受贿人又帮助介绍行贿、共同受贿，甚至实施偷税漏税等违法犯罪。还有的受贿人私下开办园林企业，自己既是受贿人同时又是行贿人，为谋求工程承建、顺利拨付工程款，向自己的上级领导和同僚行贿。再比如，为了保证在扣除高额行贿成本后，还能够获取高额利润，行贿人往往会采取虚抬工程价格、虚抬维护成本、虚抬苗木价格、以次充好、反季节栽植等手段，谋取不正当利益。这样做的直接后果就导致部分园林项目工程质量低下，蒸腾量高，成活率低，管护费用变高，浪费了人力、物力、财力，致使国家和人民利益受损。

笔者：在这么多环节中，腐败较为严重的是哪个环节？

检察官：腐败较为严重的还是招投标环节。“借壳投标”“换马甲”投标层出不穷。城市园林绿化工程，必须具有相应资质的企业来承担。我们办理的案件中，行贿人（单位）中的74.34%不具备园林绿化工程建设相应的资质。他们为了利益不择手段，借用其他企业的资质来投标，要先行贿才能“过关”。另外，串标现象也很多见。还有陪标、议标、围标，各种违规操作在招投标过程中都很常见。

笔者：经过几年努力，目前我国建筑业的招投标制度已日趋完善，并且渐趋公开透明。政府的土地售价，都在互联网上进行公布，并且大家对房屋的建筑成本，也都有个基本的了解。但是对于园林绿化系统的工程造价，百姓却根本说不出个一二三来。工程造价的隐蔽性，是不是这个行业腐败发生的原因之一？

检察官：是的，园林工程的设计与造价，对大多数人来说，都是一个谜。打个最简单的比方：一棵苗木，它究竟值多少钱，恐怕绝大多数人是不知道的。因为苗木品种不同、生长时间不同、苗木大小不同、产地不同，价格上就有很大差异，所以，很难有一个统一的价格。可以这样说，行业的特殊性造就了企业的高利润，而对高利润的追求又造成权力“寻租”的高成本，于是，行贿受贿的数额就比较大。

笔者：由此也可以看出，这个行业对专业知识技能要求较高，因此涉案的犯罪嫌疑人学历也普遍较高。

检察官：这是一个让人深思的现象，我们立案查处的犯罪嫌疑人普遍学历较高，本科以上学历16人，其中博士2人，硕士4人，副教授2人，高级工程师6人。高学历、专业型的技术人员比重大，占涉案总人数的76.19%，比例是相当高的。由于园林工程的施工技术和设计元素较高，专业性很强，外界难以知晓和估算，因此，犯罪的“黑数”也较大。这么多专业人才涉嫌职务犯罪，我们深感痛心疾首。

观察

保护公平竞争环境，让市场真正成为配置资源的主要方式

建设资源节约型、环境友好型社会是我国国民经济与社会发展中长期规划的一项战略任务。

时至今日，成效斐然。

以“绿色 GDP”（指从现行 GDP 中扣除环境资源成本、环境资源的保护服务费用）为核心的地方政府考核体系正在逐步完善，地方政府转变了施政理念，在推进资源节约型、环境友好型社会中扮演着重要角色。城市中高楼林立、霓虹闪烁不再成为经济发展的唯一“政绩”，青山绿水环绕其间、群众生活惬意舒适、人与自然和谐相处成为考核地方政府“政绩”的重要指标。

有需求就有投入，园林绿化行业借此快速蓬勃发展。与此同时也暴露了这个领域的诸多问题。

X 市检察机关通过专项行动查处的一批案件，揭示了这些问题的根本所在，可以看作一次问题的集中爆发。

从社会学的角度看，问题的形成主要是垄断导致的公平竞争缺位，市场没有成为配置资源的主要方式。

城市的园林绿化属于公共服务领域，是由政府出资、投入、运行、经营的公共事业，目的是为群众提供更为宜居的环境，让城市更美好。园林绿化部门是政府在这项事业中的代理人，是实际执行人。

但在实际操作中，园林绿化主管部门左手紧握审批、检查权，右手抓着投资、付款权，既是裁判员，又是运动员，形成了事实上的权力垄断。为了在垄断中觅得利益，寻租者开始想尽办法钻空子，权钱交易由此产生。行贿者通过

金钱攻势，牢牢把握着诸多工程，受贿者通过权钱交换，成为“隐形富豪”。“成功者”在这一领域里起到的“示范作用”，引起更多效仿。

当人们都可能无法通过合法途径来实现社会目标时，就会陷入失范状态，就会竭力地使用有限的非法机会，公平竞争不再是成功的标准，招投标作假、伪造资质、送钱送物、收钱办事……公平竞争缺位，腐败由此滋生蔓延。

因此，园林绿化系统出现的大规模腐败现象的根本是社会公平竞争机制缺位，进而损害社会的公平正义，严重影响社会经济的发展。

社会公平竞争机制出了毛病，终究还是社会管理本身出了问题。在园林绿化系统跳跃式发展的同时，社会管理体制机制的创新没有跟上，还是沿用旧的手段、方式和方法，仍然习惯于政府包办一切，停留在权力大棒一挥，指哪儿打哪儿的阶段。

社会管理说到底是对人的管理。它为从事社会公共事务的人员提供一整套行为规范和监督机制，当每个公务人员都照章办事时，才能保证各个职能部门有效顺畅地运行和发挥作用。然而在园林绿化系统中，大量工程迅速上马，大批商人蜂拥而来，相应的配套管控机制却没有跟进，一部分公务人员便利用缺乏监督的权力在配置社会资源时为自己牟取私利。

所以，解决园林绿化系统的腐败现象，必须在社会管理创新上多做文章。

第一，要建立和完善公平竞争的体制与机制。投资、审批、发标、付款等几个关键环节必须引入第三方监管，这一点可以学习借鉴其他发达国家的经验，确保“裁判员”“运动员”分开，这是解决权力垄断的第一步。

第二，要真正实现公开透明。政府投资的公共事业，花的是纳税人的钱，理应让群众对每一笔资金投入、流向清清楚楚，同时，这样也能引入社会监督，使园林绿化系统从隐蔽性花钱向公开性投资转变，让贪贿无处藏匿。

第三，要充分发挥社会组织的作用。在现代社会管理中，社会组织发挥着越来越大的作用，在城市的园林绿化过程中应当让社会组织承担更多的功能。例如，成立行业协会，由行业协会来规范园林绿化企业的行为；成立民办非营利企业，从事公益性的园林绿化工作；成立非政府组织，从事“第三方监督”；成立志愿者组织，动员更多的市民参与到志愿者队伍中来，从事园林绿化及其养护和监管工作。只有充分发挥更多的社会组织的作用，才能使城市园林绿化走上持续健康发展的轨道。

第四，是对非法途径的控制。控制非法途径首先需要规范公务人员的行为。在商品社会中，权力、职务都可以转换为价值，只要社会规范不力，越轨行为就会时有发生。一些特权者使用社会不予认可的手段去获得目标，应该由媒体披露出来，进行舆论监督。

美国黑人运动领袖马丁·路德·金曾说：“历史记录这个社会转型期时会发现，不是坏人太多，而是好人过度沉默。”

检察机关作为法律监督机关，没有沉默，没有缺位，在园林绿化系统重拳出击，清除腐败，大快人心。不仅肃清了贪贿犯罪，更为重要的是，在这一领域内的社会管理创新得到了重视与推进。

25

两个人的举报：全国首例金融债权贪污案告破

导言

R 市检察院曾办理了全国首例金融债权贪污案。这起案件的成功查办，离不开两位实名举报人——陶文安、樊诚的艰辛努力与理性举报。

全国检察机关受理职务犯罪线索，70% 依靠群众举报，举报线索和查办案件宛若双生，不可或缺。

回顾陶文安、樊诚的理性举报之路，回顾检察机关的完美查办，实现了专门工作与群众路线相结合，让反腐成了一场真正的人民战争。

愤怒的两个人

陶文安和笔者之前接触的举报人完全不同。魁梧健壮，脸膛红红，咧嘴呵呵直笑，似乎从没什么烦心事儿。就是这样一个乐天派，也有一怒冲冠的时候。

20 世纪 80 年代初，陶文安毕业于 N 市工人业余大学中文系，一毕业就分配在 N 市粮油食品进出口集团股份有限公司（以下简称 N 市粮油）。搞文字、写材料、弄财务，忙忙碌碌就是二十年。1998 年，N 市粮油因经营不善，资产即将清算，陶文安被任命为公司资产清算小组办公室主任，专门清理债务。

他一张笑脸，一副好脾气，天天黏着债主，连着四五年，要回了百万元欠债。

也许，陶文安的人生会在 N 市粮油资产清算后，变得平静如水。单位变了，岗位没了，人也老了，可以颐养天年了。

某天，他接到了老同事樊诚的一个电话。他完全没有料到，这个电话一下子改变了他的生活。电话里，樊诚告诉陶文安，N 市粮油被低价贱卖了！

樊诚和陶文安共事近 20 年，乍一看和老陶有几分神似，只是更高大魁梧，站起来就似一堵墙。

樊诚也是 N 市粮油的老资格，N 市纺织学院纺织机械专业毕业后，1992 年就在 N 市粮油投资开发部工作，曾被 N 市粮油外派到澳门开过饭店，在菲律宾开过工厂。

从 20 世纪 90 年代末开始，樊诚除了身兼 N 市粮油和日方合资的莱华食品有限公司总经理，其他活儿就是为 N 市粮油购置下了几处房产。多年在经营岗位上的磨砺，让樊诚对 N 市粮油的各项投资了然于胸。

这天，樊诚在电话里告诉陶文安，N 市粮油和另外 5 个外贸企业以总价 600 多万元贱卖给了 N 市 R 公司。拍卖已经生效，法院正在他的莱华食品有限公司里执行 N 市粮油的股份。

樊诚之所以第一时间打电话给陶文安，是因为老陶负责过 N 市粮油的债务清理。只要他们一对账，就能明白这资产拍卖里头到底有没有鬼。

接完电话，陶文安脸色阴沉，一声不吭，和平日判若两人，吓得爱人都不敢吱声。

“我那个气啊！我在企业辛苦干了那么多年，最后几年还觍着脸四处要债，这下可好，被人一口全吞了！”陶文安对笔者说，右手用力在空中一挥。

老陶的愤怒来自对内情的了解。

陶文安为 N 市粮油陆续收回来 400 多万元欠债，放在单位账外，维持职工日常生活，至今至少还剩 100 多万元；N 市 G 大厦第 9 层、第 10 层产权属于 N 市粮油，产权及装潢市价在 500 万元以上。

而樊诚那儿还有一笔账。樊诚所在的莱华食品有限公司还有 N 市粮油 300 多万股份；而且，樊诚曾亲自代表 N 市粮油向上海中粮进出口公司购买了 N 市

W 大厦第 22 层，市值也有 200 万元。

陶、樊两人把账一加，N 市粮油的资产价值就破了千万元，何况还是 6 家企业的资产包统一拍卖，竟只卖了600多万元！这不是明摆着侵吞国有资产嘛！

究竟有什么猫腻

陶文安、樊诚此时满脑子想着要举报。“不能让 R 公司得逞，我们跟它没完！”樊诚回忆当时的心情，怒冲冲就要往外蹿。这腿才迈出家门，自己又悄悄缩了回来：我们去哪儿举报呢？究竟举报什么呢？

R 公司在购买 N 市粮油时，走完了评估、拍卖、执行等程序，表面看都是合法的。N 市粮油的账目又不在他们手上，光凭两人嘴上讲讲，显然分量不够。就算举报了，这受理单位也没法查。

如果两人一折腾，单位里一帮老职工搞不清状况，憋口气，硬要讨个说法，弄不好事态就会失控，弄得大家四处上访。说不定坏人没有告倒，反倒先影响了社会安定。

想到这里，陶文安、樊诚慢慢冷静下来。摸爬滚打这些年，他俩深知理性是做好一切的前提。

万事逃不开个理字！当务之急，是必须摸准情况，找到能举报 R 公司侵吞国有资产的线索。

陶文安、樊诚开始慢慢梳理 N 市粮油从资产清算到拍卖的详细过程。

N 市粮油欠中国银行 N 市分行 2407 万元不良贷款即将被追偿，主管单位 N 市外经委将债权统统转让给了 D 资产管理公司。D 资产管理公司 N 市办事处（以下简称 N 办事处）的助理经理夏道乾负责剥离不良资产。

N 市粮油没有偿还债务的能力，N 办事处就向法院提起诉讼，申请保全 N 市粮油的所有财产，并将对其实际资产进行评估。

N 市外经委干部马军在这个当口被任命为 N 市粮油的总经理，全权负责处理资产清算和拍卖。

马军和夏道乾安排了 Z 会计事务所对 N 市粮油进行评估。拖了一年多，夏道乾才向 N 办事处提出将 N 市粮油和其他五家外贸企业统一打包出售的方案。

方案才递上去两个月，突然之间，N 市粮油和五家企业的资产包就在上海悄悄被卖了，而买家 R 公司以前根本名不见经传。

陶文安、樊诚觉得问题可能就出在这两个月里头，为什么仓促出售？为什么没有告知职工？这程序究竟是怎么走的？

陶文安来到 N 市外经委，找到了夏道乾当初邀请 Z 会计事务所进行资产评估的邀标书，上头竟明确提示资产价值是700万元。老陶经验丰富，一眼就看出，哪有设定好评估值的邀标书？夏道乾明摆着就是在内定价格。

接着，老陶暗地里询问了一些 N 市粮油的职工。他们表示从没见会计事务所的人来查过账，也没收到过任何函证。

老陶得出结论，Z 会计事务所根本就没来过 N 市。他们既然没有对 N 市粮油进行实地了解或函证，就只能凭着马军一张嘴评估，马军说是多少就是多少。难怪评估资产价值低得这么离谱。

陶文安致电 N 办事处询问上述疑点，工作人员回复，负责处理此事的夏道乾说一切程序合法。老陶气得追问，一切合法，为什么职工不知情？为什么拍卖没公告？工作人员却答复早就公告过了，只是你们没看见。

陶文安费了好大劲，终于在《N 市都市报》的中缝扒拉到了，以 7 号小字刊登的，N 市粮油等六家企业的资产包在上海拍卖的消息。

这再明显不过，马军和夏道乾纯粹是走个过场，根本不想让人知情！

樊诚那边也打听到了一条重要信息。

R 公司三个注册人中，一个是马军的儿子马小军，一个是马军的妻嫂黄蓉，还有一个是夏道乾的本家亲戚。R 公司实际上就是马军和夏道乾的公司。

此时，端倪已露：马军和夏道乾勾结到了一起，一个提供虚假资产信息，一个配合走程序，把 N 市粮油的资产在 N 办事处的眼皮子底下低价卖出，再转个弯子放到了自己腰包里。

理性举报

陶文安、樊诚将他们了解的情况向N市外经委作了反映，并附上了22名N市粮油职工的签名。N市外经委立即和N办事处进行了沟通。

N办事处仍然回复：经向承办人员了解，一切程序都是合法的。

下面的路怎么走?

陶文安从报纸上得知，国家审计署正在部署各特派员办公室对全国四大国有金融资产管理公司进行全面审计。一番论证和研究，陶文安、樊诚信心满怀地确立了一条正确的举报路径。

陶文安立即将他们掌握的情况传真到了国家审计署。接着，又亲自赶到审计署N特派员办公室（以下简称审计署N特派办）亲手递上了举报材料。

接待人员将陶文安的举报详细记录在册，随即将举报线索转交金融审计一处。

审计人员在收到陶文安的举报材料后，立即对线索进行了认真分析。

首先，举报人是熟知内情的人员，其次，举报直指低价处理国有资产，其中对漏评、低评的资产都有详尽描述。因此，举报可信度极高。

几乎与此同时，国家审计署将陶文安等人的来函也转到N特派办，要求结合审计，认真查处，给举报人一个满意的交代。

审计人员以例行审计为名，对N办事处进行突审。并暗中赶赴N市，约见了陶文安、樊诚。

正是由于陶文安、樊诚的详细举报，审计进展顺利。一个月后，审计署N特派办向国家审计署汇报审计结论："这是一起精心策划、蓄谋已久的低价购买（处置）国有资产的行为。"

打响国资保卫战

一场彻底清算国资转让黑幕的战役打响了。

审计署N特派办向J省人民检察院递交了一份移送处理书。检察机关迅速行动。

距离审计署移送不到24小时，J省人民检察院就对马军涉嫌贪污一案展开调查，主要案情基本廓清。随即，此案交由R县人民检察院承办，N市人民检察院督办。

承办检察官至今依然十分清晰地记得赶赴N市领命的那个庄严时刻。

“这是一起严重侵害国有资产的大案，不仅关系到国家利益，而且关系到人民群众的切身利益，广大职工已经对这样的资产清算愤怒至极，甚至，会直接影响到N市的社会稳定。”检察官回忆，“不知有多少双急切的眼睛在看着，多少颗期待的心急盼我们惩恶扬善。因此，我们一刻也不敢懈怠！”

侦查过程中，陶文安、樊诚不仅密切关注，而且勇敢地站出来积极地支持、配合，与检察机关并肩作战。查找马军隐匿公款的关键时刻，陶文安、樊诚报告R县检察院：N市粮油由于负债累累，公司账户早就被众多的债权人冻结，公司能够运行靠的就是陆续收回的往来款，为了不让债权人发现这些救命的款项，这些往来款一直放在单位账外。

陶文安提供了“五丰商行、再就业服务中心”等几个账户名，检察机关果然迅速起获了马军隐匿的公款131万元。

“举报人熟悉内情，尤其是提供了隐匿在账外的资金账户，这对以涉嫌贪污罪查办马军起到了决定性作用！”检察官作此评价。

R县人民检察院以马军、夏道乾涉嫌贪污罪向法院提起公诉。起诉书认为：马军、夏道乾为在资产转让中捞好处而互相勾结，共同注册了R公司，在评估时故意瞒报、漏评、低评资产，高估负债，用650万元的价格就买下了N市粮油及其他5家企业的不良债权及抵押物计5614万多元的资产包。

其中，隐匿在账外131万元公款中的64万元和G大厦缩水的325万元，被马军、夏道乾联手贪污。

开庭的这一天，陶文安和樊诚异常平静。“我们觉得该做的都做了，检察机关的辛勤工作也替百姓做了主，烦躁的情绪烟消云散！”樊诚说。

R县人民法院一审判决，认定马军、夏道乾分别贪污175万元、195万元，以贪污罪分别判处两人有期徒刑8年、6年。马军不服，提起上诉。

随后，N市中级人民法院终审维持原判。

陶文安、樊诚的举报不仅挖出了侵吞国资的硕鼠，揭开了这起全国首例金融债权贪污案的黑幕，而且，最终赢得了这场国资保卫战的全面胜利，抚慰了企业职工，稳定了社会秩序。

N市粮油等六家企业的低价拍卖作废，2000多万元国资重新回到了N市外经委。

“这起全国首例金融债权贪污案从举报、审计再到侦办环环相扣，检察机关对如此重大案源线索的获得离不开陶文安、樊诚的挺身而出，并因有他们对犯罪行为的正义指证，才收到了政治效果、法律效果、社会效果的完美统一。”承办检察官评价该案。

（文中除樊诚、陶文安，涉案人物均为化名）

对话实名举报人

在案件判决后，笔者采访了两位实名举报人。

笔者：想请问两位，为什么会选择实名举报？没有一些对自身安全的顾虑吗？

陶文安：我和老樊之所以实名举报，是因为我们深信N市粮油的低价转让肯定有问题。犯罪的人才应该心虚，我们正大光明，行使我们作为公民的举报权，有什么可怕的！

笔者：从你们的举报历程来看，步步为营，十分理性，有没有冲动的时候？

樊诚：这与我们的社会经验有关，我们知道做任何事情都需要耐心和理性，冲动不仅解决不了问题，反而会坏事。你可以认为我们是老江湖（大笑）！我们也在总结，无论审计单位还是检察机关，其实最需要的还是实实在在的举报线索，我们群众要和司法机关相互配合好，才能真正一起反腐。

笔者：在受到检察机关重奖后，为什么两位将奖金都捐了？

陶文安：说实话，我们非常感谢检察机关，真正替群众办好事、办实事。检察机关对我们的奖励，实际上是在鼓励更多的人去踊跃举报腐败行为，我们受之有愧，觉得只有反馈给社会才能体现真正的价值。

笔者：听说两位在N市很有名气，很受关注，今后的生活怎么安排？

樊诚：反腐真正是大快民心的事情，所以，群众对我们非常认同。其实，我们只是对奋斗了多年的国企做了个交代。现在，我仍然在做进出口贸易。老陶现在一家民营企业负责办公室工作，一切都很顺利。

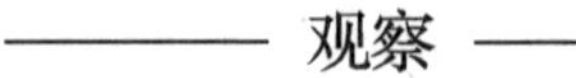

观察

理性举报的现实意义

在多年的摸索实践中，检察机关已构建起一整套处理涉检信访的长效工作机制：快速反应机制、上下内外联动机制、公开审查答复谈话运行机制、检察长巡回接访制度、首办责任制度、部门负责人接待制度。并大力推行“检调对接”工作机制和应急预警机制，探索建立刑事被害人救助机制和律师参与信访接待制度，等等。

所有这些机制的建立和执行，目的就是一个：服务群众，化解矛盾，维护正义，促进和谐。人民群众的举报已经成为检察机关查处职务犯罪最重要的线索来源，群众举报占到检察机关查办案件的70%以上。

但是，涉检信访工作面临巨大挑战。如何引导群众实名举报、理性举报、提高举报线索质量，也是一个重要的工作议题。

陶文安、樊诚的理性举报之路对破解涉检信访碰到的难题是一个极好的借鉴。

公民的举报总是有一定的目的和期待的，而专门机关接受举报后，通过依法受理、依法查处，最终给举报人一个满意的答复。因此，一个完整的举报、查处、答复过程，其实是举报人和专门机关密切配合的过程。

陶文安、樊诚这两名举报人，出于对国家利益的高度责任感和一个公民的良知，运用自己的经验、学识，在平静的湖面下发现了暗流，理性地思考、分析，选准了举报的方向、途径，最终向检察机关提供了切中要害的高价值线索。在检察机关查办时，勇敢站出来，坚决指证犯罪。这是群众举报和检察机关查办完美配合的标本，也是举报人理性举报、执法机关依法查处的经典案例。

他们的正义之行激发了群众的举报热情，震慑腐败分子，在全社会形成浩荡正气，并能积极提高实名举报比例。实名举报的线索可查性强、举报决心大、举报人与检察机关互动性强，对于有效查处职务犯罪意义重大。

这一起通过实名举报破获的贪腐大案有力昭示：反腐人人有责，腐败必将消亡在人民战争的汪洋里。

图书在版编目 (CIP) 数据

贪腐透视录：一线媒体人的法律观察 / 易炜翰著 .—北京：中国法制出版社，2019.5（2020.8 重印）

ISBN 978-7-5216-0201-2

Ⅰ . ①贪…　Ⅱ . ①易…　Ⅲ . ①职务犯罪－案例－中国　Ⅳ . ① D924.305

中国版本图书馆 CIP 数据核字（2019）第 080263 号

责任编辑：王佩琳（wangpeilin@zgfzs.com）　　封面设计：周黎明

贪腐透视录：一线媒体人的法律观察

TANFU TOUSHI LU: YIXIAN MEITIREN DE FALÜ GUANCHA

著者 / 易炜翰

经销 / 新华书店

印刷 / 北京京华虎彩印刷有限公司

开本 / 710 毫米 ×1000 毫米　16 开　　印张 / 16　字数 / 226 千

版次 / 2019 年 5 月第 1 版　　2020 年 8 月第 2 次印刷

中国法制出版社出版

书号 ISBN 978-7-5216-0201-2　　定价：56.00 元

北京西单横二条 2 号　邮政编码 100031　　传真：010-66031119

网址：http://www.zgfzs.com　　**编辑部电话：010-66038139**

市场营销部电话：010-66033393　　**邮购部电话：010-66033288**

（如有印装质量问题，请与本社印务部联系调换。电话：010-66032926）